花季原唱

主　　编：北京大学中文系主任博士生导师
　　　　　温儒敏
　　　　　北京师范大学中文系博士生导师
　　　　　王富仁

吉林人民出版社

图书在版编目(CIP)数据

花季原唱 / 温儒敏,王富仁主编 . —2 版 . —长春:
吉林人民出版社,2011.8

(中学美文读本)

ISBN 978 - 7 - 206 - 03824 - 2

Ⅰ.①花… Ⅱ.①温… ②王… Ⅲ.①散文—文学欣赏—世界
②随笔—文学欣赏—世界 Ⅳ.①I106.6

中国版本图书馆 CIP 数据核字(2011)第 180588 号

花季原唱

主　　编:温儒敏　王富仁

责任编辑:张立华

吉林人民出版社出版发行(长春市人民大街7548 号 邮政编码:130022)

网　　址:www.jlpph.com

全国新华书店经销

发行热线:0431 - 85395845　85395821

印　　刷:北京嘉业印刷厂

开　　本:650mm×960mm　1/16

印　　张:15　　　　字　数:198 千字

标准书号:ISBN 978 - 7 - 206 - 03824 - 2

版　　次:2011 年9 月第2 版　　印　次:2016 年8 月第4 次印刷

定　　价:29.80 元

序

　　这几年，文学圈儿内鼓噪得不像个模样儿，什么怪诞的、荒谬的、离奇的、粗俗的……各式各样的文学流派粉墨登场，闹得花哨，闹得热火，闹得门前冷落读者稀，还嫌不够来劲，不够刺激。于是，把"美女作家""新新人类"再推上前台，涂脂抹粉，扭腰摆臀，以争取新的亮点儿。

　　我们姑且把此类文学称之为"泡沫文学"，泡沫者，一闪即逝之物也。文学圈儿内倘若揉进了这类东西，那就无异于假冒伪劣商品，扰乱社会，坑害民众，甚至会致人残疾夺人性命——把文学硬是弄成非驴非马的模样儿，这是整个文学界的悲哀呵。

　　当然，这些年，我们的文学也有鲜亮的一面，有清新的空气，且不说那些重量级的作家推出的重量级的作品，就是一些野花小草，也丛生争妍，并时不时透出点儿韧劲儿，透出点儿暗香，叫人痴迷得癫狂不已，欲罢不能。

　　选编《中学美文读本》这套丛书的目的，就是想把散落于各地的野花小草集中起来，培以土壤，施以水肥，以供读者鉴赏。文体以时下较受青睐的精短散文、随笔为主，内容上讲究可读性、独创性和哲理性，有缠绵的情思，悠扬的春曲，亦有心灵的感悟，深沉的反醒。随手撷来，总有些油盐酱醋蕴含其中，让人几多回味，几多思索。

世纪之声交融，野花小草吐芳。

愿滂沛之文风常吹，精神之枝干常绿。

编 者

打开天窗

我心中的世界　　　马俊祥 3

爬山虎　　　　　　肖　恒 5

爱书小语　　　　　汤昌军 7

校园中的"绿"　　　刘　蓓 9

我看金庸　　　　　俞　烨 11

我看王朔　　　　　陈　锋 13

要善于疏导　　　　王　颖 15

奇怪的眼睛　　　　胡静雅 17

"作茧自缚"新说　　葛怡婷 19

1960 步　　　　　李　伟 21

冰棍·雪糕·冰淇淋　李　宏 23

17 岁的思考　　　　张　佳 25

人生，绝不轻言放弃　白　莹 27

我生活的空间　　　童文杰 29

背影　　　　　　　刘贤军 31

愿作只小小鸟　　　鲁红莲 33

鱼美人　　　　　　张　曦 35

飘雨的日子　　　　兰　英 37

忆海拾贝　　　　　田　庄 39

落叶的遐想　　　　　　乾　坤　42

平行线　　　　　　　　袁　丹　44

听那天使之音　　　　　范　巍　46

人类，你应该悔改！　　于　澜　48

宝石和白发　　　　　赵燕萍　51

天生我材

成功　　　　　　　　季羡林　55

开花的课桌　　　　　王连明　57

兄弟来自农村　　　　李贵清　60

厚积而薄发　　　　　周　研　63

风筝　　　　　　　　司　威　65

爱每一个我　　　　　韩淑芳　67

寂寞与欢乐　　　　　薛建福　69

"忘我"的境界　　　　许　橙　71

我是一个好看而不好惹的家伙　李　群　73

放学以后　　　　　　薛伟强　76

自尊是一面飘扬的旗　黄开林　78

本子里的世界　　　　曹　颖　80

生命的放飞　　　　　喻　菡　82

胖　　　　　　　　　黄艳孚　84

用潇洒伴随人生　　　张　健　86

成功的喜悦　　　　　毛　桦　88

独立日　　　　　　　方　雷　90

乐，就在我们的生活中　许　磊　93

十五岁，我在想　　　河　吉　95

寒窗情思

美丽的歧视	胡子宏	99
雨夜放歌	木 风	101
与旭日同行	巍 巍	103
"根"赞	史 翡	105
绿叶赞	小 倩	107
同学	周鸿飞	109
盼	黄 君	112
别矣，母校	张爵文	115
老树	顾 颖	117
"另类"老师	朱育丹	120
哦，父亲	赵秀莉	123
最后一个学期	殷 俊	125
对手	罗 蕊	127
高老先生	黄 凯	129
举步回首	白东东	131
"老乐"	林 菁	134
同桌的你	陈 沫	136
陌生人	陈佳霖	138
信任?!	黄文倩	141
班草其人	韩 芳	143

时空隧道

上下求索	陆 胤	147
新千年乐章	华 美	149

回眸百年	海　燕	151
假如我有一对翅膀	田　亮	154
海底城	颜　军	156
复制哥德巴赫	熊　政	158
克隆希特勒	金　月	160
移植记忆	江　丽	162
过去和将来	赵　钢	164
假如我是飞碟研究专家	李振海	167
器官岛	罗　骏	170
三国志	邱　山	172
科学星光闪耀时	常　勇	174
经营记忆	李依婷	177
中国一号	邬李祺	179

想说就说

蝶祭	卢华萍	183
冷眼看《还珠格格》	黄　坤	185
马可以是蓝色的	刘潇潇	187
我是一只笨女孩	庞婕蕾	189
梦·怪圈·阳光	扬　洋	192
五味居	张　虹	194
人才在哪里？	胥洪擎	196
中秋之夜	汤文怡	198
撩开那层面纱	何崇光	200
经历灾害	李克峰	202
物理弱智	孙　晨	204

心愿　　　　　　　　　　亭　亭 206

偏差　　　　　　　　　　张　华 208

寻找快乐的猪　　　　　　周　麟 212

救救孩子　　　　　　　　任晓雯 215

请换个角度看高考　　　　徐雁斐 217

罪过　　　　　　　　　　邵　炜 219

向你敞开心扉　　　　　　鲁作战 222

心之伤：老师撕开了那封信　刘轶人 225

谈偶像　　　　　　　　　杨雯昀 227

减不下去的"山"　　　　鲁　菁 229

打开天窗

我心中的世界

>> 马俊祥

我心中的世界，一片安宁，一片幽静，一片快乐，一片思索！

一位朋友曾经这样地问过我："你心中的世界是什么？"这个问题久久地在我脑海中萦绕，我心中的世界是，一片安宁，一片幽静，一片快乐，一片思索。

我心中的世界是，一个人走在沙滩上，看着那一望无际的大海，浩瀚而又碧蓝；看着那海水勇往直前地扑向海礁又被礁石打得粉碎，纷纷地溅起几朵白色的小花，微雨般地落下来，落在我的身上，那样温柔，那样细腻。我追逐着海水，随着它扑向沙滩，随着它扑向大海，像一个海的女儿，像大海永远的追逐者。我光着脚丫踩在沙滩上，任凭那海风吹乱我的长发，任凭那海水浸润我的脚丫，无拘无束，刹那间变成了一个自由的人，呼吸着带有咸味的空气，看着那潮起又潮落，欣赏着大海的伟力，数着沙滩上走过的脚印，多么自在，多么快乐，多么惬意！

我心中的世界是，一个人走在森林的小路上，一个人静静地走，脚下踩着枯黄的树叶，嗅着带有泥土芬芳的气味，看高大而茂盛的大树；偶尔的几缕阳光透过树叶之间的空隙斜射下来，像无数的光柱给硕大的森林带来几分神奇，就像梦幻里的异境。野花散发出幽幽的花香，空气犹如净化了一般，那么清纯，那么和爽。我狠狠地吸了一口，顿时觉得心情格外舒畅，心旷神怡起来。这片广袤无垠的森林是鸟雀们栖息的乐园，也是其他虫豸的安乐宫。我走在这片森林里，偶尔的几声清脆的鸟鸣，就像正在为我演奏一曲曲幽静的小曲，多么安宁，多么幽静，多么深邃！

我心中的世界是，一个人独坐在小窗旁，让那窗外的雨水轻轻地敲在我的窗上，"啪！啪！"直响不停。我望着那绵绵细雨和灰蒙蒙的天际，任凭我的思潮澎湃，任凭我的思绪去遐想，为我勾画一片蓝天，为我构化一个美妙神奇的世界，为我构化一个崭新的憧憬，使我的世界充满无数的思考。偶尔，我也要翻开心爱的日记本，任感情的潮水尽情地奔突，任记忆的种子吐露新绿。

这就是我心中的世界，一片安宁，一片幽静，一片快乐，一片思索！

■ 赏 析

这是一个令人向往的境界，这是一个颇具诗意的生命的桃花源，"一个自由的人"尽情舞蹈于这亮丽的世界之中，生命在这里吐绿。"一个崭新的憧憬，使我的世界充满无数的思考。"

摆脱世间驳杂与喧嚣，寻找那一片安宁，一片幽静，一片快乐，一片思索。任感情的潮水尽情地奔突，让悸动不已的心永远保持它明快的节奏。

朋友，你心中的世界是什么样子呢？

■ 爬山虎

>> 肖 恒

爬山虎的落叶是一片绚烂的红色，单形白叶片，正如一团跳动的火焰，迎着寒风，伴着窗口仅剩下的几根细茎，飞舞到空中。

暑假里，一个阳光灿烂的日子，我不经意地发现对面邻居的屋顶一角，竟爬满了爬山虎。手掌大小的叶片，舒坦地领略着阳光。记得小时候随妈妈到乡下，见到农家满墙一片碧绿，枝叶间一支支小小的吸盘将一幅绿色屏幕覆在了笔直的墙上。农民们说，爬山虎爬在屋墙上，夏天清新凉爽，又有一种特殊气味可驱蚊虫，所以几乎家家都种。如今，又见到了，真的有那么一份亲切。

想不到的是，几天后我却再也觅不到那一点绿色了，想必是邻居将其连根"铲除"了吧。下午上街，很巧地便遇上邻居，忍不住地打听：

"哎，你家屋顶上的爬山虎呢？"

"爬山虎？哦，……那东西怪讨厌的，又招惹虫子，所以那天收拾屋顶，就全给拔了……"

我默然了，毕竟，那只是一株小小的爬山虎，任何人对它都有着生杀予夺的权力。

又是几天过去了，本已对爬山虎渐渐淡忘的我，又碰上了一件意想不到的事——我居然在我自己的窗口看到了几茎绿叶，哦，原来爬山虎在邻居家屋顶上生长的时候，悄无声息地，竟也在我家的屋顶上生根发芽了。当那边的被毁坏，被消除的时候，这边的正蓬勃生长着，甚至，超越了屋顶的界限，如窗帘般，从我的窗口垂下，多美！

它们不断地生长着，没多久，已有了五六根枝条挂在我的窗口。我欣赏着那一份绿意，也为它们惋惜——没有依靠，就这样空荡荡地垂在窗口，它们必定存活不了，几天后，一定会枯萎。

然而，我又一次错了。几天后的窗口依旧翠绿一片，仔细看时，才发现它们互相缠绕着，以彼此为依靠，丝毫不见枯萎的迹象，相反的，倒像是又长大了许多。我不由得欣喜起来。

　　九月——我已开学了，功课渐忙，我也忽视了爬山虎的存在。直到今年冬天的第二次寒潮到来，我才在窗台上发现了几片爬山虎的落叶，没有苍白虚弱的枯黄，而是一片绚烂的红色，单形白叶片，正如一团跳动的火焰，迎着寒风，伴着窗口仅剩下的几茎细茎，飞舞到空中。我不由得轻轻地说：明年，一定还能见到爬山虎！

■ 赏 析

　　看呵，那翠绿一片的窗口，那相互缠绕，彼此依靠，顽强攀升的生命，那一片绚烂的红色火焰……不屈不挠，落地生根，不择环境的性格，是否在感召着我们人类的灵魂？是否触动了你对人生、对未来的深深的思索？

　　从这耐旱耐寒、郁郁葱葱的生命那里，我们该不该认真反醒一下我们自己呢？

爱书小语

>> 汤昌军

清寒把持不当，就会变成寒酸；小康处置不妥，则会陷入俗气。清寒而不寒酸，小康而不俗气，关键就在于当事人是有书卷气，还是市俗气。如果你热爱知识，如果失去财富，你还是丰富；如果你只爱财富，失去它你会一无所有。

如果想为自己风风火火的都市生活，或是疲倦重复的农家生活打开另一扇窗，徜徉在另一个世界中，那么，就读书吧。当基辛格不再担任美国国务卿时，他曾说过："卸职以后最大的喜悦是不需要整天再看文件，可以读自己爱看的书。"读书的乐趣竟然替代了国务卿的光彩。

在标新立异的现代生活中，与"书本"竞争的对手太多太强：从传统的闲聊与打麻将到新出现的游戏机与跳舞，迫使人们真不容易安排闲暇与书游戏。另外，"书"的范围在日渐扩大，不仅是指狭义的"书报杂志"，也包括教育性的电视与广播等等。真的，现在坚持日日读书不是一件轻而易举的事。

16世纪的一位西方哲学家说：当我有一些钱的时候，我买书；剩下的钱再去买食物及衣服。物质的欲望就像茫茫沙漠，没有一条路可以寻到绿洲，而精神的财富却像曲径通幽，妙趣无穷。与其花钱买名牌时装美一时不如投资买本好书受益终生。

清寒把持不当，就会变成寒酸；小康处置不妥，则会陷入俗气。清寒而不寒酸，小康而不俗气，关键就在于当事人是有书卷气，还是市俗气。如果你热爱知识，如果失去财富，你还是丰富；如果你只爱财富，失去它你会一无所有。

曾见过一位晨曦中的少女，右手插在裤袋里，左腿向前斜伸，整个身体特别是上身向后仰依，给人一种要仰倒下去的感觉。然而，她的左手捧着一本书，恰好保持了整体的平衡。惟有书，能够让我们在物质与精神生活中的两极中保持宁静和平衡。

尼克松说："所有我认识的伟大的领导者几乎都有一个共同特征：那就是他们全部都是伟大的读书者。"有人说，一本好书是不会寂寞的。实际上，读书人也是不会寂寞的。一卷在手，神游天地，俯视苍穹，与那些伟大的心灵对话，和自然间万物产生沟通，那真是世上至高的享受。

■ 赏 析

书是人类社会进步的阶梯。它引领人类社会从愚昧走向文明，它丰富了我们对人生对社会的思索，把人类从泥泞的沼泽之中拯救出来。

书籍"能够让我们在物质与精神生活的两极中保持宁静和平衡，"它把"俗气"挡在门外，把儒雅纳入堂中，它就是你日思暮想的财富，一旦失去它，你将"一无所有"。

热爱书吧！

■ 校园中的 "绿"

>> 刘 蓓

初春鹅黄嫩绿，深秋姹紫嫣红，雪中虽然枯黄飘落，但脉络间依然存在着绿的希望，即便化作春泥护花也无怨无悔。

像被谁推了一把，大地从一冬的沉睡中醒了过来，她揉了揉惺忪的双眼，舒舒服服地伸了一个懒腰，打了一个呵欠。于是，万物都像被赋予了新的生命，立刻充满了无限的生机：小河解冻了，小草悄悄地破土而出，小鸟在蓝天上欢快地飞翔，快乐地歌唱……这便是春天那旖旎的景色吧！然而春天让人们感触更多、更深的还是那漫山遍野，青翠欲滴的诱人的绿。是绿把西安这座古老的历史名城唤醒；是绿在人们现代生活的天平上又加上了一个砝码？使现代化的前进步伐又一次加快……因为 "绿" 是生机，是活力，是希望，是曙光！

"绿" 是有形的，又是无形的。作为学生的我们，生活的时间最多的是在校园里，校园中的绿不同于大自然的绿。在校园里，我们感触到的不仅仅是小草吐芽、绿竹丛丛、青松挺立、铁树常青的佳景——这些有形的绿。我们感触更多的是那无形的，却比有形的更加充满生机和活力的绿。

漫步校园，无论是老师还是学生，个个都精神抖擞，意气风发。学习上，同学们奋发向上，思想活跃；工作上，老师们干劲十足，勇于革新，这一幕幕不正像那泰山顶上四季常青的松树，充满了绿意吗？

还记得元旦前夕，学校准备举行文艺汇演，同学们闻风而动，写剧本，练台词，做道具，全身心投入，都希望能拿出质量最高，最受欢迎的节目作为新千年的礼物献给全校的师生。那种青年人特有的朝气不正像破土而出的小草渴望得到阳光吗？

我们的校园像是一座大花园，教师就像一片片绿叶，初春鹅黄嫩绿，深秋姹紫嫣红，雪中虽然枯黄飘落，但脉络间依然存在着绿的希望，即便化作春泥护花也无怨无悔。莘莘学子像群芳个个争奇斗艳，不负众望。各种竞赛榜上有名，屡创佳绩；每年高考，成绩优异，北大清华，如愿以偿。校园里桃李芬芳，一派生机。到处充满着青春的朝气，到处呈现出浓浓的绿意。

这便是校园的"绿"，它着实可爱。有形的悦人耳目，无形的沁人心脾，像跳动的音符，像喷涌的甘泉，像初升的太阳，鼓舞人奋发向上。让我们充满信心地扬起理想的风帆，在这绿色的知识海洋里远航，迎接明天，迎接挑战！

■ 赏 析

是的，这便是校园的"绿"，从无限生机的春意，到充满蓬勃活力的师生，从教师的无私奉献，到学生的奋发向上，从有形到无形。……到处都充满着青春的朝气，到处都呈现出浓浓的绿意。——这难道不是新形势下的中学校园的新的风貌吗？这难道不渗透着一个民族重视教育、重视科技的拳拳之心吗？

朋友，请投入这浓浓的绿意之中，让生命在这里扎根、泛绿、繁衍吧！

■ 我看金庸

>> 俞　烨

　　金庸笔下的许多人物形象在现实生活中都可以找到原型，只不过是将他们的优点、缺点加以综合、放大，放到特定的环境中，从而形成各具特色的故事人物。

　　我一直认为，金庸小说气势宏大，雅俗共赏。近日，看到王朔对金庸小说的一番评价，几近全盘否定，我不禁有话要说。

　　王朔先生直斥金庸的武侠小说全是凭空捏造，胡扯一通。武侠小说本就是虚构人物、故事、情节，但虚构不等于胡编滥造。金庸笔下的许多人物形象在现实生活中都可以找到原型，只不过是将他们的优点、缺点加以综合、放大，放到特定的环境中，从而形成各具特色的故事人物。

　　例如段誉，是不折不扣的一个痴情种。他有他的特色。不是那种追逐女色的富家公子，不是那种放浪形骸的浪荡哥儿。他的痴情可以说是一种典型的中国传统爱情观的体现。特别是他见到王语嫣时如痴如醉的神情，成为他最具特色的形象特点。看来似乎有点儿夸张与不真，但也不难在身边发现一些似曾相识的人。只不过今天这样的例子是少之又少了。蓦然在金庸笔下看到他，真有一种又逢旧时相识的喜悦。这种的作品怎会是凭空捏造的"假惺惺"呢？

　　而几千年来被人们不断讴歌的亲情、友情、爱情，更是无一不在金庸的笔下得到了淋漓尽致的挥洒。

　　郭靖身陷万人重围，依然紧抱母亲尸身，舍不得弃母而去；段誉、萧峰、虚竹三人出生入死，生死与共；杨过与小龙女十六年"生死两茫茫"，此情不渝……一部又一部的小说读来，一段又一段的情感冲击，无不令人深受感动。在这些充满人性、情感的作品中，又有哪一部可以说"仅仅是供人消遣的工具"？把金庸小说列为"四大俗"之一，实在是一种轻率。

　　金庸其才如海，文笔俊爽而又富于变化。他的小说既有诗情画意、柔绮委婉的情境，又有如西方小说直探人生真谛的感人力量。他是我至为推崇的一位文坛大师。

■ 我看王朔

>> 陈　锋

　　会写些文章，有意见就把人往死里骂，这不是热血男儿，也与浩然正气无关，这也是野生动物。

　　我不是金庸迷，也不是王朔迷，算是局外人，就算金大侠与王朔在报上打起来，也不关我的事。但我看了王朔写的《我看金庸》，就像不小心吃了发馊的馒头，不吐不快。

　　先不说别的，单说王朔的修养，我看就值得怀疑。人家金大侠都七十多岁了，王朔却在文章中大呼小叫什么"老金"，什么"这么大岁数的人，混了一辈子，没吃过猪肉也见过猪跑"等等，连小学生都懂得什么叫"尊老敬贤"，王朔连这一点儿最基本的美德都没有，还在报纸上扯，还是个作家，真替他汗颜。

　　王作家说，金庸笔下的人物"会些拳脚，有意见就把人往死里打，这不是热血男儿，也与浩然正气无关，这应是野生动物"。按王作家所说，会写些文章，有意见就把人往死里骂，这不是热血男儿，也与浩然正气无关，这也是野生动物。嘿，没想到王作家自己打了自己的嘴巴。

　　王朔写的这篇文章还有许多自相矛盾、逻辑混乱的地方。我不想一一列举。金庸与王朔都是文坛名家，都对青年深具影响力，都为大众服务，大家有话好好说，王朔为什么骂得这么"损"呢？

　　奉劝王作家：趁早收兵，回家修炼修炼吧。

■ 赏　析

　　前一阵子，报上刊登了王朔《我看金庸》的文章，引起了较大的反响。金庸的作品在中学生中拥有很大的读者群，因而也引起了争论。

　　这两位作者的观点都是反驳王朔的，但风格不同：前文作者抓住王朔"轻率概括"的错误，冷静地分析了金庸笔下人物的性格特点，说明他们很能代表中国文化传统中的人性美，是一种典型而决非胡编滥造。而后文作者以"人身施辩"的方法，撇开金庸作品不说，仅谈王朔文章之"损"，让论敌陷入窘境，篇幅虽短，却相当犀利。

要善于疏导

>> 王　颖

　　我们的生活中总会遇到许多矛盾，如果能在前进的路上多架一些"立交桥"，善加疏导，肯定会省去许多麻烦。

　　从前没有亲自体验过立交桥的好处，后来一次坐车经过某大城市才有所认识：本来十分拥挤的道路，在立交桥那里便畅通了，不同的车辆各行其道，井然有序。立交桥之所以能变阻塞为畅通，关键就在于"疏导"二字。

　　解决道路交通拥挤问题需要疏导，治水也需疏导。古时鲧用堙法治水，把水堵住，结果造成泛滥。相反，禹用疏导之法，使水分道下泄，最终化害为利。可见疏导在改造自然中发挥了多么重要的作用。

　　那么，在解决社会生活中的矛盾时是否也需要疏导呢？我看也需要。比如当代中学生，在接受学校教育的同时，社会上各种各样的东西也纷至沓来，从衣着打扮到思想观点，时时刻刻地在影响着他们。对于世界观还很不成熟的中学生，学校、家庭就应采取疏导的方式来解决。要通过"疏"，分清黑白，理顺思想，提高他们的认识能力；进而"导"，引导他们向正确的方向发展。一方面对不良倾向加以抵制，另一方面也要正确对待新事物的出现。学生爱跳舞、爱唱歌，何不定期搞个班级歌舞晚会，把他们从营业性舞厅拉回来？学生喜欢各式新潮服装，何不也来个"学生时装表演"，让他们鉴别什么是真正的美？这样来进行疏导，自然是健康而有益的。否则，一味地下禁令，关起门来教学，或是滥加惩罚，搞不好会禁而不止，越禁越乱。

　　我们的生活中总会遇到许多矛盾，如果能在前进的路上多架一些"立交桥"，善加疏导，肯定会省去许多麻烦。

■赏 析

　　作者从身边的小事谈起，一下子谈到了时下社会热点问题，移花接木，妙趣横生。看似东拉西扯，但却始终围绕"疏导"二字进行评说，从多方面、多角度地强调"疏导"的重要性，读来确实有异曲同工之美。

　　作者正确"疏导"了此篇文章的脉络，说理透彻，逻辑严谨，细细研读一番，还真有一番滋味涌上心头。

■ 奇怪的眼睛

>> 胡静雅

　　我的眼睛很奇怪，因为它们太敏感善变。我的眼睛很奇怪，因为它们太幼稚天真。我的眼睛很奇怪，因为它们太容易感动，太喜欢流泪。

　　我有一双特别特别奇怪的眼睛，大家都这么说。

　　看着镜子里的眼睛，实在没有什么特别之处，细细的小小的，平均每只眼睛视力4.6，既不黑密、又不卷曲的睫毛，无论怎么看，都毫无可取之处，更谈不上什么引人注目了。那么，为什么……

　　我的眼睛很奇怪，因为它们太敏感善变。自习课上，在安静得近乎窒息的教室中，我疲惫不堪的眼睛惊喜地瞥见了窗外落日的余辉，那抹绚丽的橘红色彩霞，在蓝宝石般纯净的天空中缓缓地弥漫着，羞涩地给晶亮的玻璃窗披上一层泛金薄纱，美丽得让人无法想象。我就这么倚着窗户，呆呆地凝视着，好半天才想起应该让同桌也来同我一起分享这迷人的画面。同桌却只是不耐烦地撩了撩眼皮，往空中一瞟，就又无动于衷地继续写她的作业，只留给我一个冷冰冰的后背和一句冷冰冰的话："嗬，我当是什么呢，不就是太阳落山嘛！这也值得你傻乎乎地盯上半天？莫名其妙！"我瞪着睁得大大的眼睛，仔细地把这句话琢磨了半天。

　　我的眼睛很奇怪，因为它们太幼稚天真。一个温暖的冬日，我同好友一同骑车闲逛，正骑得飞快时，我的一声惊天动地的大叫差点儿没把我的好友从车上给震下来，而我却只顾注视在草地上散步的两只纯白可爱的小狗宝宝，激动得手舞足蹈。当被吓得面如土色的好友终于弄清我惊叫的原因时，她竟然真的一下子从车上摔了下来。我记得她当时如临大敌地盯着我的眼睛，那眼神的惊讶程度绝不亚于遇见了外星人。片刻的沉默之后是不可抑制的捧腹大笑："我还以为是什么呢？原来不过是两只小狗……你竟然也会这么大惊小怪！真是太孩子气了……"她的眼睛乐出了泪花。在那显得有些刺耳的笑声中，我也笑了，眼里竟也涩涩的。

　　我的眼睛很奇怪，因为它们太容易感动，太喜欢流泪。政治课上，一个极动人的故事，就会让我在大家无动于衷或诧异的目光中，让泪水盈满眼眶，痛痛快快哭到下课；夜深人静，我常会静立窗前，让眼睛伴着夜空里的星星跳动，眼睛告诉我，星星们在银河里洗澡；春雨沥沥，我常会默守床前，让眼睛随着雨珠闪烁，眼睛告诉我，雨是春姑娘的泪；飞雪漫天。我常会漫步雪中，让眼睛追逐雪花飞舞，眼睛告诉我，冬天已经来了，春天还会远吗？

　　我有一双特别特别奇怪的眼睛，大家都这么说。

　　注视着镜子里的眼睛，我开始庆幸自己拥有这样一双奇怪的眼睛，它们不美，却时时刻刻为我捕捉这世界上最美丽、最感人的画面。

■ 赏 析

　　好一篇独抒性灵的佳作！没有刻意的渲染，只有沉着冷静的叙述，那关于人生的感悟一泻无余。面对着沉重的负担，面对着"安静得近乎窒息的教室"，却还能保留着自己的一份情感天空。是啊，原本美就在于发现，原本我们生存的空间总有美的一面！

　　这其实并不是一双"奇怪的眼睛"，这是热爱生命、拥有生活的快乐天使啊！

■ "作茧自缚" 新说

>> 葛怡婷

蚕吐丝作茧，把自己围在里面，它是自知自觉的，为的是圆一个飞翔的梦。

人们历来把"作茧自缚"视为贬义，而我却不这么认为。蚕吐丝作茧，把自己围在里面，它是自知自觉的，为的是圆一个飞翔的梦。它躲进自己筑的"小窝"酝酿、修炼，"功德"圆满之日，正是破茧而飞之时。从这种意义上来说，我认为"作茧"并非"自缚"，而是"自励"。

人的一生中总要有个奋斗目标，然后为实现目标而努力。其实这一"制定目标——达到目标"的过程正是所谓"作茧——破茧"的过程。在这一过程中，"作茧自缚"不正是有进取心的表现吗？

从"作茧"到"破茧"并不是一朝一夕能完成的，而需要积年累月的坚持不懈，要有自甘寂寞的精神。有恒心且自甘寂寞的人才能等到"破茧而出"、"梦想成真"的那一天，而缺乏这种精神的人却只能慨叹时光飞逝，破茧之日遥遥无期。纵观古今之成大事业、大学问者，无不是耐得"独上高楼，望尽天涯路"的寂寞，抱着"衣带渐宽终不悔，为伊消得人憔悴"的信念，才达到"众里寻她千百度，蓦然回首，那人却在灯火阑珊处"的境界。

画家林风眠就曾把艺术家比做蝴蝶，他说："起初，它是一条蠕动的毛虫，为了能飞起来，它先结一个茧，把自己封闭在内，化做蛹而彻底变形。最终，也是最重要的，它从茧中挣脱出来，才能自由地翱翔于空中。"结茧即表示艺术家在早期苦练基本功时，必须要有坐"冷板凳"、自甘寂寞的过程。只有耐得住寂寞，才能迎来日后的灿烂辉煌。正所谓"不经一番寒彻骨，哪得梅花扑鼻香"？

古往今来，一切有所作为的人何尝不是如此？达·芬奇从重复画蛋中开始他的画坛生涯；贝多芬从无休止地拉小提琴里开始他的音乐人生；钱钟书在斗室中苦心耕耘；沈从文从湘西小镇默默走来……设想，如果没有"作茧"时量的积累，又怎会带来"破茧"后质的飞跃呢？

多少次夜深人静时，书本堆积在案头，我真切地感受到了这种氛围，俨然一个混沌的茧子。我仿佛就是茧里的那只蚕，为了一个梦想，从孔孟庄墨拜读到鲁迅泰戈尔，从牛顿运动定律钻研到爱因斯坦质能方程。可就在这"作茧自缚"的过程中，学会了吃苦，锻炼了意志，实现着自身素质的日益提高、人生价值的不断升华。愿我们每个人都能做一只辛勤吐丝的"蚕"，不断地在"作茧——破茧"中，实现自己的人生理想。

■ 赏 析

这看似贬义的一句成语，在作者隽永的笔下，却道出了一种与众不同的感受："作茧——破茧"的过程，实质是自甘寂寞、积累酝酿的过程。确实给人耳目一新的感觉。

是啊，"不经一番寒彻骨，哪得梅花扑鼻香"呢？

朋友，为了实现心中的梦想，何不励精图治，做一只辛勤吐丝的"蚕"呢？

■ 1960 步

>> 李 伟

几乎世上所有的母亲都时刻挂念着子女的寒暖，又有多少子女时刻挂念着母亲的些许寒暖呢？养育之恩，何以回报？慈母手中线，游子身上衣。临行密密缝，意恐迟迟归。谁言寸草心，报得三春晖。这关于母爱的千古绝唱呀！

从家到学校是 1960 步，从学校到家也是 1960 步。没有公共汽车，我每天中午奔波于这 1960 步中，其中的原因只有我自己知道。

母亲曾一再劝我中午在学校搭伙，用她的话说，在校饭后可以小憩，或者复习功课。傻瓜才愿意天天那么累呢！

而我每天中午回家的时候，母亲从不让我草草地应付一顿，至少也是两菜一汤，母亲也从不让我插手做饭："你也挺累的，走了这么多路，先歇着吧！"可她总是抱怨："唉，这柴怎么有点湿？这炉子怎么老是旺不起来？"望着母亲忙碌的背景，我决定以后在学校用餐了，免得母亲天天为我操心。于是，我入伙了。

但不久后，我又重新奔波于这 1960 步中了。

那天，学校临时决定组织老师赴外地听课，上午课程结束后，全校放假。我急匆匆地往家赶，想让母亲大吃一惊，没想到大吃一惊的却是我。

"妈，中午你就吃这白薯？"

"当然不是。昨天是炒饭，前天是面条，换着来。你也知道，用炉子烧菜太麻烦了。"

几乎世上所有的母亲都时刻挂念着子女的寒暖，又有多少子女时刻挂念着母亲的些许寒暖呢？养育之恩，何以回报？慈母手中线，游子身上衣。临行密密缝，意恐迟迟归。谁言寸草心，报得三春晖。这关于母爱的千古绝唱呀！这母亲手中冰冷的白薯呀！于是，第二天我便退伙了，重新奔波于这 1960 步之中。

　　一日又一日，一年又一年。不知什么时候起，我就开始在书包里带个网袋，放学时顺路捎点水果或点心回去。当我比母亲的肩膀稍高一点点的时候，我已习惯系围裙了。

　　一年又一年，一日又一日。好久没有数步了。最近我又数了一下，从家到学校，从学校到家，竟然只有 1860 步了。我把这告诉了母亲。母亲微笑着说："娃儿，你长大了。"真的，我长大了，但是，母亲却日见苍老了。

　　母亲呀，你的青丝为什么变成了斑发？你的腰身为什么不再挺拔？你的双眸为什么不再清澈如水？这浓得化不开的养育之恩呀，我该如何去回报？又怎么报答得了呢？

■ 赏 析

　　从 1960 步到 1860 步，这短短的差距之间蕴含着生命的履历，在这差距之中，作者长大了，而"母亲却日见苍老了"。博大的母爱孕育了作者粗重的一撇一捺，无情的岁月漂白了母亲乌亮的头发。作者善于抓住易被人忽略的小事，重彩浓抹，把母爱渲染到极至。实为一篇耐人寻味的佳作。

冰棍·雪糕·冰淇淋

>> 李 宏

"冰棍"时代过去了,"雪糕"时代过去了,"冰淇淋"时代迟早有一天也会向人们说再见。下一个来临的是什么时代,我想这要由我们这一代跨世纪的青年来决定!

今年的夏天真热。

记得小时候,我在夏天最喜欢吃冰棍。那是一种极其简单的冷饮。说它简单,一是做法,在固定的模子里放一些奶粉,冲上水,在冰箱冷冻室搁一段时间,即可食用;二是口感,吃到嘴里凉凉的,尽管放了奶粉,但那细微的甜味很少能感觉到。也就是因为"简单"吧,冰棍十分低廉,便宜的五分钱,最贵的也不过两角钱,可在我的记忆中,只有妈妈每月发工资的时候,才赏我几支解馋。有一次,我的冰棍瘾发作,趁妈妈不在家时,拿了两角钱买冰棍吃,虽然一时畅快淋漓,可妈妈知道后,狠狠地数落了我一顿,让我直到现在都忘不了。

那时候,我最喜欢听卖冰棍的老奶奶的叫卖声,每个音都拉得很长,亲切而有韵味。每次买完冰棍后,我都呆呆地站在那里听着这声音逐渐消失,它带走了我的"好朋友"冰棍,也载走了我纯真的童年。

后来,我发现冰棍车越来越少了,大概在我上二年级时,冰棍终于在公众场合绝迹了。取而代之的是一种叫"雪糕"的家伙,它通体乳白,吃到嘴里粘粘的,有一股浓浓的甜味。那时家里宽裕了许多,妈妈的工资已由几十元长到一百多元,我的消费水平也自然随之提高,虽然雪糕要五角钱一支,我却隔三差五能品尝到。就这样,雪糕浓浓的甜味伴随着我走出小学校门,踏入中学校门。

上初中后的第一个夏天和今年一样酷暑难耐,我兴冲冲地从家里拿了一块钱去寻找久违的朋友——雪糕。街道两旁的冰柜一个接一个,有的还撑了一把太阳伞,却怎么也不见雪糕的身影。回校后告诉同学,随即遭到"斥责","你也不看看什么时代了,还吃雪糕? 现在人家都吃冰淇淋!""什么?冰——淇——淋?"噢,我知道了,冰淇淋一定像雪糕代替冰棍那样代替了雪糕。

现在我已经上高一了,冰淇淋的花样不断翻新,吃到嘴里一个比一个清凉可口,而且它早已成为我家的常客——妈妈总要不定期的批发一些贮存在冰箱里。我故意问妈妈说:"原来一角钱的冰棍您都舍不得给我买一支,现在这好几块钱的冰淇淋,您怎么买这么多?"妈妈没有回答,只让我去街上转转。

是啊,答案就在我们的生活中。走在街上,两旁的高楼大厦鳞次栉比,商店中的商品琳琅满目。社会在进步,城市在发展,人民的生活水平在不断提高。

再说,"冰棍"时代的三门峡冷清萧索,"雪糕"时代的三门峡快速发展,迎来了"冰淇淋"时代的欣欣向荣。黄河路两旁商店林立,每天车水马龙、熙熙攘攘;崤山路环境优雅,宽阔顺畅。三门峡成为名副其实的"黄河明珠"了!

"冰棍"时代过去了,"雪糕"时代过去了,"冰淇淋"时代迟早有一天也会向人们说再见。下一个来临的是什么时代,我想这要由我们这一代跨世纪的青年来决定!

■ 赏 析

把三个不同的时代浓缩于"冰棍·雪糕·冰淇淋"中,从中可以窥出作者构思之精巧。

社会在变,生活在变,可"我"为什么"最喜欢听老奶奶的叫卖声?"为什么忘不了"雪糕浓浓的甜味"?反思过去,追忆生活,才能懂得更好地热爱生活、珍惜生活。

从三个不同时代的缩影里,饱满着作者无限的眷恋之情,也饱满着作者蓬勃的青春朝气。是啊,"冰淇淋"时代迟早有一天也会向人们说再见,下一个时代是什么呢?

17 岁的思考

>> 张　佳

一位德国诗人曾说："谁不属于自己的祖国，他就不属于人类。"

17 岁的我，曾以为对生我养我的这片土地已了解了许多许多，因为我曾经徜徉于秀美的姑苏园林，饱览过豪迈的塞外风光，寻访过远古的黄河故道，驻足于逶迤的长江堤岸，攀登上雄伟的万里长城。然而 17 岁生日的那天，我才真正感到，祖国不再只以它壮丽的山河展现在我的眼前，更以它深沉博大的底蕴镌刻在我的心中。

生日蜡烛的光辉摇曳着，我别出心裁地邀请为我庆贺生日的每位亲人讲一个自己 17 岁的故事。

17 岁的爷爷刚当上一所小学的教员，每天在日本人飞机大炮轰炸的间隙惶慌地过活。一天上午，刺耳的空袭警报声划破了校园的宁静，爷爷急忙照顾孩子们逃往最近的防空洞。街上一片嘈杂混乱，人们都匆匆避难。忙乱之间，一个小姑娘掉了队。敌机急驶而来的轰鸣声已清晰可闻，小姑娘吓得大哭，顾不上走软梯，一下子跳进洞中，头正撞在一块青石角上，爷爷辛酸地将他的学生抱在怀里，此刻爆炸声已震耳欲聋。响作一片。

17 岁时的妈妈已放下手中心爱的课本，打点行装上山下乡了。当年的妈妈是炊事班长，印象最深的是一年到头的盐炒米饭。一次连里一位同学患严重的肠胃病，大夫再三嘱咐要加强营养，吃流食，可妈妈在厨房里转了几圈，除了所剩不多的大米，再没别的。妈妈壮着胆子连夜赶了十几里的山路到穷村子里挨家挨户地恳求，也才借到两个鸡蛋，只能勉强打几顿稀晃晃的鸡蛋汤。在农场，再苦再累再想家也没有掉过泪，然而望着病人憔悴的面容，17 岁的妈妈哭了。

17 岁，花样的年华，金子般的岁月，可对于他们又意味着什么？爷爷珍藏的 17 岁是战火硝烟中饱蘸民族屈辱的斑斑血迹，妈妈珍藏的 17 岁是与年龄不相称的生活的艰苦，田间劳作的艰辛。他们的青春深深打上了祖国历史的烙印，他们没有丰功伟绩，也没有豪言壮语，但那尘封已久的平凡的中国人的回忆分明印证了：历尽沧桑的祖国每一步都牵动着每一位国人的命运，每一个人的命运又都折射着祖国的荣辱兴衰。

数尽千年沧桑，坚固的长城也曾护不住窗台上一只小小的花瓶；滔滔黄河也曾被人挖开堤岸，吞没无数中华儿女的家园；万里沃野也曾荒芜一片，白骨遍地；巍巍五岳在敌人的铁蹄下，也只能俯首垂泪。

一位德国诗人曾说："谁不属于自己的祖国，他就不属于人类。"我带着对祖国沉甸甸的思索跨过 17 岁的门槛。生日那天，我还收到了日本朋友的贺卡，她热情地写道："中国土地的辽阔，中国历史的深邃，中国发展的迅速，超出了我们所有人的想象！"我深深地为我的祖国骄傲，我深知，今天，17 岁的我能够与异国少年和平友好地交流，分享友谊的醇香；能够与异国的她平等地站在一起，能够在世界地图面前毫不犹豫地指着东方那片最广袤的土地对她说："看！这就是我们脚下的土地，中国！"那是因为我身后屹立着我日益富强的祖国！

当我再次站在祖国的名山大川前，我不会只以一个鉴赏者的身份唏嘘慨叹，我会坚定地以一个开拓者、建设者、保卫者的姿态构想蓝图，着手创造。17 岁的我将会拥有一个更美好的故事。

■ 赏 析

17 岁——花样的年华。但在"爷爷"、"妈妈"那里，却显得那么凄楚和酸涩，没有生日摇曳的烛光，没有甜蜜温馨的祝福，他们拥有的，是惶慌的心情和艰苦的磨难。

是啊，每一个人的命运都折射着祖国的荣辱兴衰，恰逢盛世的"我"，该如何收藏起那段记忆，如何珍惜这段花一样的年华呢？

■ 人生，绝不轻言放弃

>> 白 莹

人生本是一次艰难的航行，潮起潮落，绝不会一帆风顺，惟有那些勇往直前、不轻言放弃的人方能驶抵胜利的彼岸。我想，我当与母亲共同驾驭人生之舟，驶向前方！

是夜，抬头不见弯月，连星星都没有。母亲拖着疲惫的身子，目光呆滞地踏进家门，好不容易才吐出五个字："单位倒闭了。"从这一刻起，母亲同众多失业者一样，再也闻不到"大锅饭"的喷香了。我一言不发地注视着母亲，想要安慰她，却不知从何说起。此刻，她所想的也必如我所想的：这个本就少一根支柱的家该如何支撑下去？好久、好久，都没有声音，我们相对默然，欲哭无泪。

"妈妈，怎么办啊？"我终于沉不住气了，怯怯地问道。

一滴泪自母亲的眼中滑落，她用力地咬着唇，然后硬是挤出几个字："怎么办？自己找工作去。"

"失业"、"下岗"，报纸电视上的醒目标题一下子涌到我眼前，我把声音压得更低了："可是，现在工作那么难找……"

"难是难，可不找行吗？靠下岗工资，靠社会救济吗？"

我无言以对。

第二天一早，母亲便揣着一张刚拿到的会计证来到职业介绍所，令她大为欣喜的是，她被一家小合资公司录用了。

可是，仅仅几天，她便被解雇了，原因是她仅有文凭而没有实际工作经验。屋子里重又陷入死一样的寂静。夜已深，我不敢出声，偷偷注视着母亲，她一脸的憔悴，眼角不停地涌出泪水。

"妈妈，干不了财务就算了吧。"我柔声劝慰道，"不如找别的……"

"我是不会放弃的。"没等我把话讲完，她就打断道，"我就不信没这份儿能力。没有经验怕什么？多做做就一定能行！"

　　我痴痴地望着她流满泪水的脸，为她的坚定所折服。

　　曲曲折折，也不知到过多少家公司，母亲步步为营，艰辛地边学边做。老财务的故意刁难、经理的挑剔、工作的繁重，她都默默承受着。

　　一天下班后，母亲兴冲冲地对我说："公司要给我加薪水了。"我一愣。继而露出会心的微笑："'天将降大任于斯人也，必先苦其心志，劳其筋骨，饿其体肤'。妈妈，你真行！"

　　"其实，我也想过放弃。可是一想到将来的日子，如果放弃就什么希望都没有了。"母亲露出一丝微笑，接着说道，"如果放弃了，又怎么会有今天这样的日子呢？"

　　她的笑容是那样灿烂，我深深地被她吸引了……

　　人生本是一次艰难的航行，潮起潮落，绝不会一帆风顺，惟有那些勇往直前、不轻言放弃的人方能驶抵胜利的彼岸。我想，我当与母亲共同驾驭人生之舟，驶向前方！

■ 赏 析

　　这篇文章的绝妙之处，关键就在于其选择了"下岗、再就业"这一富于时代特点的题材。"母亲"在下岗——就业——再下岗的一系列挫折面前所表现出来的"绝不轻言放弃"的精神风貌，使文章的主题得到了最充分的体现。

　　值得一提的是，作者在选材时，较好地处理了"我"与"母亲"的关系，没有喧宾夺主，而是让"我"来烘托"母亲"。当"我"在"母亲"精神的感染下，决心"共同驾驭人生之舟，驶向前方"时，本文的主题得到了进一步的深化。

■ 我生活的空间

>> 童文杰

它是亲密无间的，正如我与母亲拥抱时的感觉；它是公正的，正如我与父亲讨论时事国情时的态度；它又是宽厚的，正如父母包容我的错误，温暖的手抚着我的黑发时的感动。这一曲悲扬，是最值得珍爱的，是一首安谧祥和的萦绕耳际的歌！

当和煦的阳光洒在身上，我会感叹：哦，生活的空间多美好！当冰冷的雨水打湿脸庞，我又会感叹：哦，生活的空间如此阴晦！但这样想是不对的，因为无论如何，我都存在于这一方天地之间，不应该以自己的喜怒哀乐给它下定义。它小至家庭大至宇宙，无数的欢声笑语、辛酸苦痛编织着一首激进、澎湃、舒缓、悠扬的生活乐章，打造着一个属于我的生活空间……

悠扬的"家"之夜曲

我生活在这样一个家，一个温馨恬美的港湾。它并不大，也不华丽，却不沉闷。父母的关爱是它的柔美，无止的运动是它的轻盈，银铃般的笑声更是它的主旋律。它是亲密无间的，正如我与母亲拥抱时的感觉；它是公正的，正如我与父亲讨论时事国情时的态度；它又是宽厚的，正如父母包容我的错误，温暖的手抚着我的黑发时的感动。这一曲悠扬，是最值得珍爱的，是一首安谧祥和的萦绕耳际的歌！

激进的"校"之鼓点

我生活在这一个家，一个年轻气盛的集体。它并不稚嫩，也不乏味，更不会老气横秋。朗朗书声是它的纯真，盈盈笑意是它的友善，而不倦的学习更是它永恒的重音。每一次演讲后的掌声，每一次成功后的喜悦，每一份骄人的成绩，都不息地留下成长的足迹，留下走过的心路历程，化为凝重的惊叹号，成为人生最初的底蕴。这一曲激进，是最值得赞赏的，是一支愉悦与紧张、泪水与笑意交织的奏鸣曲！

澎湃的"城"之赞歌

我生活在这样一个家，一个日新月异的大都市。它是沸腾的、繁华的、璀璨的。林立的高楼、便捷的交通是它摩登的外形，坚毅的劳动者、智慧的工程师是它丰富的内涵。它是努力的，是刚强的，是飞奔向前的。外国友人竖起的大拇指是对它的肯定，国际性会议的召开是对它的器重，而人民安居乐业、金融贸易蒸蒸日上则是它在万人心中不朽的形象！这一曲澎湃，是最值得骄傲的，是一章激昂奋进的交响乐！

我生活在这样一个家里，陶醉在这样一支悠扬、激进、澎湃的乐章中，或许我很难对它做出褒贬的评价，但有一点是肯定的：我爱它！虽然也曾有阴霾蔽日，虽然也曾有泪水相伴，但朝阳的每一次升起，都向我昭示：这个空间有多么美好！虽然这个空间还未得到所有人的珍视，虽然这个空间的纯净已被破坏，但每一个心灵的感悟都告诉我：这个家阳光依旧，因为它永远向往美好！

这些稚嫩的文字并不能全现我生活的空间，因为它太大太大，这支笔无法——描绘。但随着我的长大、成熟，对这个空间的理解一定会变得更为深刻，你说呢？

■ 赏 析

"家——学校——城市"，"我"生活于这样一个空间里："家"不华丽，却不沉闷；"校"不稚嫩，也不乏味；"城市"很大，却有丰富的内涵。这是对自我生存空间的多么独特的理解呵，那些内心难以抑制的情感就跳动在这字里行间，让我们珍视，并不断侧耳倾听那铮铮作响的时代之音！

■ 背 影

>> 刘贤军

我似乎又听到了"呼呼"的风声，又看到了那弯着腰的背影，那瘦瘦的在风中摇晃的背影。

嚓，嚓，嚓……近处不停的噪音划破了夜的宁静，把我从甜梦中唤醒。

"准是除垃圾的又来了！"一看表，才三点。我把头埋进被窝里。

那烦人的声音还是直钻耳内。明天要考数学，要是睡不好，昏头昏脑的，题目准做不出……

突然，外面"砰"的一声，好像是瓶子掉在地上摔碎了。我一下掀开被子，跳起来猛地推开窗。一阵彻骨的冷风使我不由得打了个寒颤。我冲外面大嚷起来："深更半夜的，不让人睡觉了？找死啊！"没等对方反应过来，我就"砰"的一声关紧窗，重新钻进了被窝。唉，自从前几天这里新修了垃圾箱，我还没睡过一夜安稳觉呢！

外面静悄悄的，只有风在"呼呼"地叫着。我反倒奇怪起来，感到有点意外。

我又从床上爬起来，透过窗玻璃朝外望去——昏黄的路灯被风吹得不住地摇晃，光晕笼罩着一个弯着腰的背影。那背影正小心翼翼地铲着垃圾箱里的垃圾，一下，一下，轻轻地，慢慢地倒进垃圾车，仿佛怕碰坏了什么珍贵的东西。一会儿，他便停下来，拄着铁锹使劲地喘气，接着又拿起铁铲……慢慢地，我看清了，那是一位身形瘦削的老人，那双握着铁铲的手似乎有些抖抖颤颤，那花白的头发也在狂风中抖动着；小巷内沙尘卷起，他显然被迷了双眼，用袖子在擦……

我突然感到一阵内疚，真想推开窗户说声"对不起"，对刚才粗暴的言语表示歉意，或者请他进来喝杯热茶暖暖身子。

可是，我终究没有这样做，没有勇气再推开那扇窗。躺到床上，眼前只有那个弯着腰的背影，那瘦瘦的在风中摇晃的背影……

　　从此，那深夜里讨厌的"嚓嚓"声再也没有响起过。

　　过了一个多月，一天夜里，我又被那"嚓嚓"声惊醒了。我往窗外望去，啊，那是一个壮实的背影——一位结实的小伙子。他浑身似乎有使不完的劲，铁锹被他拍得"啪啪"直响。我推开窗，很有礼貌地说："同志，请您照顾一下，小声点行吗？"他头也不回没听见似的，干得更起劲了。

　　我无可奈何地关上窗，忍受着震天的声响。一会儿，外面又响起了狼嚎般的歌声，真是……

　　邻居们也无法忍受了，一致提出抗议。于是，深夜里垃圾旁的嗓音再也没有响起，可垃圾箱也被淹没了，那臭味熏得附近居民白天都不敢开窗。几天后，垃圾箱被拆了，大家心甘情愿地跑得老远去倒垃圾，因为从此又可以睡安稳觉了。

　　而我呢，似乎又听到了"呼呼"的风声，又看到了那弯着腰的背影，那瘦瘦的在风中摇晃的背影。

■ 赏　析

　　一位瘦弱的老清洁工人的形象跃然于我们的眼前：为了不影响居民休息，他冒着严寒认真地清理街道垃圾箱，尽量不弄出声响，尽管如此，有时还受到居民的粗暴对待。但老清洁工依旧默默地奉献着。在"我"的眼中，他的背影渐渐地清晰高大起来。

　　多么巨大的反差，人性的善恶丑美一古脑儿地铺展于纸上，谁能理解一位老清洁工的举止？谁还能记起那个摇晃的背影！

　　让我深情地道一声：理解万岁！

■ 愿作只小小鸟

>> 鲁红莲

柳帘模糊了，河水终于浸湿了那段可爱的日子，留下的只是一条孤独的小船……

"离毕业只剩几个月了，大家一定要争分夺秒，越过这最后的冲刺线！"，"再过几个月，就要毕业参加升学考试了，这是有关你们一生的大事，可得加把劲啊！"耳边缭绕的满是老师、父母的谆谆良言；自己呢，也仿佛在胸头压上了千钧巨石，大有食不甘味、夜不成寐的滋味了。

于是，不再放松自己。然而，置身于书山题海，却总是在奋战习题的时候，渴望看一看电视或者听一听歌。这愿望一天比一天强烈。终于有一次，破天荒地仗着胆儿，勇敢地走到父母的房间里，站在电视机旁小心地瞟上一眼。顿时，只觉得心跳得好快，竟然莫名地像个罪人。偷偷地望一下时钟，虔诚地祈祷时光走得慢些，再慢些。时钟漫不经心地将时空切为千千万万片碎屑，却吝惜得不肯施舍给我一点，哪怕是那么小的一点点！在无意间，我发觉了父母亲不高兴的神情，猛然醒悟：这里不该有我的存在，于是只得默默地回到自己的房里。尽管身后留下无尽遗憾和感伤，却只能继续提起笔，埋头于习题之中。

夜深了，四周寂静得让人感到空茫，却突然想起孩提的时光来，竟想把它画下来。于是，心痛地牺牲了十几分钟的时间，一张草草的画已贴在门后。

这是一幅极其简单的画。一条明静的小河，河边是一挂瀑布般洒脱的柳帘，帘下一只悠悠飘晃的小船，这便是早已丢失的绿色的梦。柳条儿拂向他们红润的脸蛋，他们说那是春姑娘柔嫩的手。鸟雀儿也来凑热闹、叽叽喳喳，在上空时而低声细语，时而婉转高歌。孩子们充满童趣的笑声附和着鸟雀们无忧无虑地欢叫融进柔柔的春色——那是一个无忧的季节，一个迷人的春天。柳条儿仍然随风舞动，那片让人怀念的笑声仿佛入了河中或是飘到河的另一头……柳帘模糊了，河水终于浸湿了那段可爱的日子，留下的只是一条孤独的小船……

无奈的回忆和哀思之后，继之而来的又是老师、父母苦口婆心地教导回荡在耳际。疲倦地靠在桌子上迷迷糊糊地说出一句歌词：“我是一只小小鸟，想要飞呀却怎么也飞不高……”

赏 析

这是心灵深处的倾诉，这其中蕴含了多少对美好生活的向往之情啊！

老师和父母的谆谆良言，紧张而乏味的学习生活，想要轻松自由而不可得的复杂心情。毕业班的学生呵，多像一只只困在笼中的鸟儿，想飞向蓝天，想畅游生活，然后，那紧紧关闭的心门，那铁笼……

咳，可悲的叹息，无奈的叹息！

■ 鱼美人

>> 张　曦

　　小路上悠闲的老牛，还有她心仪已久的大海，就这样一点点被黑暗吞噬，仅留下伤感包裹着她。

　　村头的小河畔，坐着一个扎小辫儿的农家女孩子，额前长长的刘海遮住了她低垂的眼帘，可淡淡的笑意还是从她嘴角荡漾开去，仿佛她在静心体会一种从内心沁出的妙不可言的感觉。"啊，我听见了，是风儿轻轻唤我去看海呢！"小女孩子兴奋地站起，睁开眼，可拥抱她的，仍是无边的黑暗，永远的黑暗。

　　"为什么？为什么我走不出这黑黑的世界？"她失落地倚在树边，面色惨白。

　　从小，女孩就不止一次拉着奶奶的手问：

　　"奶奶，这世界是怎样的呀？"

　　"可好看哩。红艳艳的花，蓝悠悠的天，高大的山，平整的地，还有咱村前的小河。"

　　"我知道小河哩，它哗哗哗唱的歌可好听了。"女孩笑了，但脸上又闪过一丝忧虑，"它不停地流，不会流干吗？"

　　"傻丫头！"奶奶嗔怪道，"小河流呀流，流到大海里了。"

　　"大海大吗？"

　　"好大好大，奶奶也没见过。"

　　"那我可以看吗？"

　　奶奶却没有回答，女孩只觉得手背上有几滴湿湿的水。她天真地想：长大后，我一定要看海。

　　几声"咩咩"的羊叫划破天空传来，是牧羊人赶着羊群走在回家的路上吧？傍晚降临，女孩子坐在河边不想走，她痴痴地倾听小河潺潺的晚唱，极力想在心中勾勒出一幅乡村傍晚图，可无尽地黑暗抹杀了这一切。那一抹如血的夕阳，几缕袅袅的炊烟，斜铺在山腰的田地上，小路上悠闲的老牛，还有她心仪已久的大海，就这样一点点被黑暗吞噬，仅留下伤感包裹着她。

"大海呀大海，我何时才到你身边？"女孩神情恍惚，在身边摸索起一块石子，用力向前一掷，破坏了和谐的晚唱。

有一回，她问奶奶：

"奶奶，海里有什么呀？"

"有鱼呀，很多很多。还有一种漂亮的美人鱼呢。"

"真的？您怎么知道？她有多美？"

"这是奶奶的奶奶讲给奶奶的故事。它呀，跟你一样美。"

蛙声渐渐嘹亮了，风也有些凉意，世界真的黑了。女孩仍在幻想：如果我是美人鱼就好了，可以自由自在地畅游大海。突然，她心中擦出一道火光：奶奶说河流入大海，我变作美人鱼随小河一起去大海不就行了？

女孩满心欢喜地站起来，一生的期待都写在脸上，她大步朝水声越来越响的地方走去。河心成了水的祭坛，包容着女孩美丽的绝唱。

月色如水，树影婆娑，朦胧的夜色压抑着缓缓的小河如泣如诉，是否在向奶奶讲起美人鱼的故事？

■ 赏 析

你看到了吗？那个农家盲女孩就站在你的面前，她想要倾诉什么？你又能够从她的脸上读懂什么呢？

一种淡淡的忧伤，一种想与命运抗争而又感觉前途迷茫的心理，始终蕴含于文章的字里行间，始终勾起我们深深的思绪和莫名的伤感。

美人鱼的故事来自遥远而又古老的丹麦，盲女孩美好的愿望与这种愿望得以实现之间遥远的差距，会不会改变呢？

——我们企盼着，企盼着……

飘雨的日子

>> 兰 英

学到深处才知才由它，成绩真的重要吗？要知学习是没有后路的悬崖。学到深处才懂才怨它，其它一切都算了吧！要知分数带给心灵的伤，已密密麻麻……

下雨的日子真难熬，特别是在冬天，特别是独自在书桌前一动不动。

天，阴沉沉的，灰蒙蒙的，仿佛一块巨冰悬在头顶，飘洒着慢慢融化的雪水。好冷啊，坐着的我不免一阵抽搐。冬天下雨，为什么要下雨？已经是冬天还下雨，真没趣！

屋外，风不知疲倦地刮着，呼呼呼，一定是和雨商量好了，贪婪地吞噬人间一切温暖。由它去吧，把它关在窗外。可是，屋内呢，除了寂静，便是黑暗。开灯吧，开什么灯？不是白费电？……开灯吧，这灯光是怎么搞的，完全是在催眠。

天地间，雨丝连成了一片，时而浓密，时而稀疏。是雨夺走了太阳的光芒，真可恶！我长长地叹了一口气。这又何必呢？我深深地吸了一口气。怎么回事？哪来的一股泥灰般的腥气？真让人受不了。已经是冬天了，还下什么雨！唉，下雨的日子真难熬！

几次驻足电视机旁，刚伸手耳边就响起了妈妈的声音："自觉点儿，别老看电视，要考试了，好好复习；学习上不去，怎么考大学？将来怎么生存？……试卷，成堆的试卷：数学、物理、化学、外语……大大小小20多套，我的天，不吃饭，不睡觉也得做上个三天两夜，还有作业，唉——

一片空白。

我揉揉眼睛醒来，发现自己刚才在客厅里晕倒了。真不像话，年纪轻轻的，没出息，该打！"啪"，就是一巴掌，清醒多了。

我捏着摔痛的腿，慢慢地走到书桌前坐了下来，摊开作业本……雨一直在下，管它呢，我哼了起来：

　　学到深处才知才由它，

　　成绩真的重要吗？

　　要知学习是没有后路的悬崖。

　　学到深处才懂才怨它，

　　其它一切都算了吧！

　　要知分数带给心的伤，已密密麻麻……

■ 赏 析

　　一场雨淋湿了作者的心情，一场雨浇灭了作者心灵深处的那一团火焰。

　　一场雨，淅淅沥沥的下着，那种积攒已久的压力就在这雨中释放出来了，分数、升学、竞争，这是多么无奈的选择，内心隐隐的痛楚跃然纸上，这样严酷的现实多么令人深思啊！

　　多么真诚的呼唤，多么强烈的抗议！

■ 忆海拾贝

>> 田 庄

当毁林造田时人们播下的"丰收"种子长出令人发笑的苗秧时，山里人才发现他们被人耍了，也被大山嘲笑了。

窗外的新芽已经吐绿，但枝头仍挂着几分寒意，毕竟还是清明节啊！看得见霏霏细雨中，陌头几隐现于黄土上，奠品依依，纸钱衔泥。一群群小学生肃立在青松翠柏之间，虔诚地献出他们精心制作的白花。看到这素洁的花楼、花海……我珍藏往事的记忆深处不禁涌出澎湃的海浪，海浪过后，突兀出家乡后山那座硕大的坟茔，像被海水冲刷过的贝壳那样鲜亮诱人……

那坟里埋的是赵二贵。

山里和城镇总是有一段距离的。如果没有赵二贵每天赶着马车把山村城镇连成了一线带回山里人衣食住行所需要的一切，那山里和城镇的距离会很大。夏季，山里的男伢不到上学年龄，是不穿衣服的。那正是我光着腚的洒脱年月。一天，马车很早就从城里回来了。"光腚"们像往常一样蜂拥而上，然而赶车的不是二贵，车上拉着血肉模糊的一个人！"光腚"们害怕至极，哄地作鸟兽散。晚上，我怀着余悸钻进被窝，半夜睡不着。震天响的哭声喊醒了我。我爬起床，跑到门外一看，全是人，都缠着白条戴着黑纱。二贵的媳妇荷叶，眼睛像红肿的桃子，二贵的妈呼天抢地，二贵的爹老泪纵横，踉跄地走在送殡的人群中，队长大富扶着他……"光腚"们这时全明白了，昨天车上拉的是二贵！我们无不显示出惋惜的神色，原因是再也吃不到二贵的糖葫芦了。

山里有的是埋人的所在，且风水宝地不少。二贵的坟落在风水最好的地方，而且造得既高又大。在"光腚"们眼中，那个坟可以埋得下几个人。

眨眼几年过去了。"光腚"们穿上了开裆裤，正儿八经读起小学来。荷叶的遗腹子成了"光腚"，整天跟在我们后面跑得屁颠颠。

虽然生产队的那匹白马已被"神牛"代替，但白马的雄姿从未在我眼中消失。我想象到了二贵救马时的情景。人们的讲述也证实了我想象的正确。当那疯狂的汽车快要撞上白马时，二贵扯断辕绳，拉开白马，就在一瞬间，汽车毫不留情地撞倒了二贵……

每年清明时节，二贵坟前的奠品纸钱总是最多。然而我从来没有看到荷叶在白天上坟，心里很是纳闷的。我的"学历"促使我和"光腚"们疏远了。每逢夏夜，我喜欢一个人独自转悠。一个晚上，我在二贵坟前徘徊，听到一个女人的抽泣，一声长一声短，像是被压抑着。仔细一看，是荷叶。她哭了一会儿，立起身，慢慢走了。我只觉得她的心很苦。第二天见她的时候，她的眼神是那样呆滞，面容憔悴得叫人不敢相信她的年龄，才三十多岁的人啊！渐渐地，我懂了：荷叶在人们心目中的地位已远不如以前，也难怪她夜晚上坟。荷叶的多年守寡生涯除了赢得山民们的几缕同情或几升表示"慰问"的大米之外，便再也没有什么了。有谁能理解她那破碎的心的孤寂？又有谁能真正理解她失去丈夫和儿子相依为命的辛酸？

岁月的流逝，白马被"神牛"代替，二贵的马鞭声为喇叭声淹没，二贵也正逐渐被人们遗忘。二贵勇救白马的故事已是很久很远的事了。现在的人们，还有谁真正体会到白马是山里人命根子的年月，二贵这一行为的意义？二贵的坟作为救马献身的标志，在雨蚀风化中并没有低矮一分一厘。荷叶的经历验证了"寡妇门前是非多"的古训。她不断被人们谈论，她的"事迹"成了妇人们热衷探讨的问题。她只能夜晚上坟。当毁林造田时人们播下的"丰收"种子长出令人发笑的苗秧时，山里人才发现他们被人耍了，也被大山嘲笑了。于是重新植树，果树居多，二贵的坟四周也植满了。二贵的坟从此成了人们休憩、谈天说地的场所。不知二贵知道不，荷叶无人闻问，却愈焕发了一种青春活力。我被家里人正告不能和她接近怕她蛊惑我。在山里人的正义和二贵硕大无朋的坟前，荷叶不能也不敢"明目张胆"。

山里人会用他们心目中固定不变的尺子衡量身边的一切，并且固执地相信心目中的尺子。荷叶无一刻不在他们的衡量中。在我儿时记忆中，作为血肉之躯的荷叶一天天走向衰老……

清明时节雨纷纷，这多雨的时候，我忽然想起家乡后山中那硕大的坟茔。荷叶的日子也许好起来了，她那光腚的儿子怕也正在上中学吧！

■赏 析

　　"我"是情节发展、跳跃的线索人物，又是体验人生、思考人生的抒情主体。以回忆的形式出现，通过童年、少年、青年不同时期对主人公的理解与认识，把对英雄的顶礼和对英雄遗孀年轻寡居、在流言与孤寂中"走向衰老"的同情，沉淀在时间的长河中，从而引起爱好思索的读者的感情共鸣。

■ 落叶的遐想

>> 乾 坤

落红不是无情物，化作春泥更护花！

又是天凉好个秋的季节。

我在林荫道上漫步，捧起一片舞着飞到地上的落叶，那浓绿的色彩还没有褪尽。一叶稳重得近乎深沉的碧色，沿着叶脉，隐下去，隐下去，慢慢走到了枯黄的边缘。

一个曾经辉煌过的生命，就这样不辞而别，是否有些不尽情理？我自言自语。

"不！你抬头望，那满树的果实，就是我生存的意义！"手中的落叶颤了颤，用它那沧桑而平静的声音说着，我欣喜地停住了脚步。

一生的辛劳，一生的奋斗，难道就是为了别人一季的丰硕吗？

"不！"落叶再次否定了我的不平，"初春时，我享受着枝杈的呵护；花开时，我欣赏着它的美丽；盛夏时，我和兄弟姐妹们共享有着并非一刻的辉煌；深秋时，大地舒展了双臂，在拥抱我。我的一生，都是在爱抚和关怀下成长的，怎么能说成是如此的凄凉呢？"

可是，那一抹生命的浓郁，从此就从你的身上告别了呀！

"孩子，"落叶轻笑着，"花再美，只能开到凋零的时候，花谢了，留下的便是日趋成熟的果实。我来到这世上，使花更迷人，使果更醉人，我回归大地，化作肥料，来年的叶，来年的花，来年的果，都会有我的踪迹。生命的浓郁走了，生命的祝福却是不逝的！"

"生命的祝福是不逝的！"我的耳畔萦绕着这句话，眼前浮现了几个身影，是教师？是父母？还是……辨不清，只依稀感到他们都身着金黄的盛装，是那样的灿烂——那是落叶的颜色，那是秋天的颜色，那是生命的颜色！这金黄的颜色连成一片，滋养着一朵朵小花。

这小花，莫不是……我?! 我边想边向前走着。不，我不就只是花而已。我也要做一片落叶，一片生长过、奋斗过、奉献过的落叶！

再低头看时，先前的那片落叶，已从我手中飘落，飞到树下，带着我的余温，义无反顾地拥抱着大地。我笑了。噢，落叶，落叶……

落红不是无情物，化作春泥更护花！

■ 赏析

《落叶的遐想》是一篇由一片落叶引发联想，进而"创造"了叶的想象的文章，是一篇想象的佳作。

秋季，"我在林荫道上漫步，捧起一片舞着飞到地上的落叶"，从而联想到生命，而此时"落叶"却"用它那沧桑而平静的声音"说话，一个"形象"诞生了——这就是想象，名副其实的想象。

"满树的果实，就是我生存的意义！"——这种平静的心态引起"我"的不平，于是"我"和"落叶"的对话由此开始了——这就是想象，不折不扣的想象。

"落叶"的品质是高尚的，她对自己一生的感受是幸福的。当"我"对"落叶"即将告别"一抹生命的浓郁"而感到惋惜的时候，落叶却轻笑道："我来到这世上，使花更迷人，使果更醉人，我回归大地，化作肥料，来年的叶，来年的花，来年的果，都会有我的踪迹，生命的浓郁走了，生命的祝福却是不逝的！"多么的无私，多么的坦荡，难怪"我""眼前浮现了几个身影"，作者由此又联想到老师、父母……

面对这般无私、坦荡的"一片生长过、奋斗过、奉献过的落叶"，怎能不叫"我"发出欣然的笑呢？

"落红不是无情物，化作春泥更护花"，文章行至结尾，作者似没有忘记这句名诗——恰到好处的联想。

■ 平行线

>> 袁 丹

当你用孤独的目光审视世界时，这世界就不能不是孤独的。

有人说过这么一句话："人人都像一块浮云，在空中偶尔相遇，飘走。"而我看人们心灵之间就像平行线上无数个点一样，永远没有相交的机遇。"

可是，在那个下雨的日子里……

放学了，却下起雨来。望着窗外，我已失去联想的兴致。没带伞，只好坐在教室里等着。雨不大，却下个不停。我失去了耐性。既然注定要这样，那么就微笑着面对吧！我把书包抱在怀里，冲入雨中……

跑到车站，只有两个打着伞的候车人。我站在那儿，任雨无情地打湿我的头发、衣服……我故意背对着那两个人。虽然雨水令我微微颤抖，但我偏昂着头，挺直了胸。心里却不断自嘲：活在这世上能靠谁？人们之间就像平行线……就这样，我立在雨中两眼注视着车子来的方向。

雨继续下着，车还没有来……

突然，胳膊被碰一下，回头一瞧，是伞下的那一张微笑的脸。

"来，过来一点。"只听见从那张微笑的脸那里飘来一句温柔的话语。我惶急地还未来得急说什么，一把黑色的伞已伸了过来。

雨，还在下。但这时，我已分明地看到：一个雨点已同另一个雨点相遇……

突然，我明白了：当你用孤独的目光审视世界时，这世界就不能不是孤独的。

■ 赏析

本文的主要成功之处在于立意的新颖。

"以举伞助人"这样一个题材，往往是用来表现那种助人为乐的主题的。但作者却独具慧眼，另有发现。

我们先看看作者的思路：开篇议论，写出了作者对人与人关系的不甚正确的认识。接着，描写自己在教室等待雨歇的心境，以及"冲入雨中"任雨淋漓的自嘲和等车时的不寻常的举动。然后是写那两个候车人的言语和动作，只是一句话，一个动作。然而就是这一句话，一个动作便使作者产生了一种独特深刻的感受。这感受分明已把开始自己对人际关系的认识辗得粉碎。文末的议论点明了文章的主题，但很含蓄，很耐人寻味。不过，读者也不难从中悟出这样的道理：这世界不是孤独的，人与人之间还有着真诚的爱！

■ 听那天使之音

>> 范　巍

大自然是一切音乐的起源，每天我们都生活在这充满欢乐歌声的乐土上。作曲家把它们记在心弦上，演奏家永不停止地奏着。听啊！那如天使般的歌声，从树梢，从月影，从草原，轻轻地传向四方……

我是爱音乐的女孩儿。我喜欢音符中的美妙旋律，喜欢听如天使般的歌声。当它们由谱表中渺渺地传来，多么令人陶醉。

当我坐在钢琴前面，仿佛是进入了另一个世界，所有的音符有如小天使，它们微笑着还带着一丝调皮。圆滑的音符从我的指尖轻轻滑出，天际响起了长虹般美丽的乐音。音符们乖乖的，一个倚着一个张开小嘴，把弹琴者的心情，借着那圆润的乐曲轻轻唱出来。甜甜的世界，甜甜的音符，甜甜的声音，像充满花香的气味。全身的细胞如饮了甜甜的花露酒，醉在音符的怀抱中。

我是个爱自然的孩子。风会唱歌给我听，当它温柔地唱时，我的小耳膜睡着了，我的细胞像是依偎在一起，恬恬静静地睡着了，当风哭泣时，又是哑哑的饮泣声，又是狮吼般的怒吼声，震得我全身发麻似乎承受不起它那急于告知的委屈。花是个害羞的孩子，一见风唱歌，就忙着把小口闭上，再也不吭声。最会跳舞的是小草，起风时，它们跳着轻松快活的舞曲，风止时，它们肩并肩，摇摆出草原柔柔的绿意，令人忍不住驻足在它们的舞步中，掏一把欣然的绿意在身上。

大自然是一切音乐的起源，每天我们都生活在这充满欢乐歌声的乐土上。作曲家把它们记在心弦上，演奏家永不停止地奏着。听啊！那如天使般的歌声，从树梢，从月影，从草原，轻轻地传向四方……

■ 赏析

屠格涅夫认为最强烈的感情"只有音乐才能表达出来"，文字是难以胜任的。作者反要用文学来抒发对音乐的挚爱，可知其难。但作者采用了拟人的手法，将文字难以描摹的音乐化作形象鲜明活泼可爱的"小天使"，并赋予风、花、草以性格和情感，达到了抒情咏怀的目的，确是匠心别具，很有感染力。

作者先谈学音乐，进而谈爱自然，最后归结到"大自然是一切音乐的起源"。层层深入，脉络清晰，意蕴深远，这是本文的又一特点。

人类，你应该悔改！

>> 于　澜

当所有野生动物彻底灭绝之日，就是人类走向毁灭之际。

从原始微生物到原始植物到无脊椎动物，进而到有脊椎动物到人，这一漫长的过程整整走了三十多亿年。饱经自然的选择与淘汰，人类是地球演变的自然产物，其产生也是生物进化的必然结果。这一切都顺乎自然，成于自然。然而，现在的人类已是一副"欲与天公试比高"的样子，想方设法要超脱于自然，千方百计要征服自然。

看看他们是如何铲除同类中的异己者吧。

看吧，如今的森林已被人类改造成自己的集中营，他们正丝毫不加掩饰残忍地迫害着大量的野生动物。不要再口口声声讲什么人道了，人道就是由枪支、弹药、捕兽网和陷阱铺成的。无可否认，人类正将自己推向孤独的深渊。让我们接受这一残酷而又可悲的事实吧！也许，还能找到一线希望。

自 1992 年巴西里约会议以来，地球那恶劣的环境非但没有改变，而且还日益严重。野生动物的处境也一天比一天糟糕……

1995 年是野生动物的大劫大难之年。

濒危的大型野生动物亚洲象，生性平和，喜欢静处，它们爱甩动长鼻在平静的西双版纳热带雨林中漫步，四下观望。就这样温顺善良不失王者风度的大兽，在当时拥有十二亿人口的中国，也仅剩 200 余头而已。1988 年大象加入了国家一级保护动物的行列。然而，枪声响起了，1994 年一年中，高永康、布鲁肖、岩叫、刀学新四人组织盗猎者潜入森林，猎杀了 16 头亚洲象，打伤了 4 头。次年，随着 4 个罪人的伏法，亚洲象群纷纷离开了这撒满同类鲜血的地方，迁移到境外，留给关心自然生态的人只有那滴着鲜血的惊叹号。值得一提的是罪犯在短时间内获取暴利 9 万元。

在中国东北部，曾使大小兴安岭名扬四海的东北虎，如今难觅踪影。可是从 1993 年震惊中外的"沈阳虎案"到 1995 年辽宁省查获的跨国走私倒卖虎皮虎骨案无一不牵动着人的神经啊！这种曾一度称雄世界的美丽的野兽，如今已穷途末路了，其品种已由原来的 8 个品种降至现在的 3 个品种，数量也低于 5000 只。世界野生动物保护学会预计：如果目前的捕杀再不真正停止，那么 21 世纪后半叶，这个地球可能就是不再有虎啸之声的地球！

对国宝大熊猫的保护力度远远胜于其它濒危的珍稀动物。但就在 1995 年，福建石狮查获 2 张大熊猫皮，1 张金丝猴皮；甘肃查获了 3 张大熊猫皮……

青海地区曾到处可见的野驴、盘羊、藏羚羊现已基本绝迹。

一级野生保护动物雪豹，现时的生存数量远远少于大熊猫的。

在这个被金钱烧得热烘烘的社会里，一张由金钱编织成的网络，笼罩着世界的每一个角落，它逐步取代了生命之网。人，不再为生命而活，而是为金钱而活。

我曾经在书上读过这么一个故事：在英国希思罗机场，一位高贵的女士穿了鳄鱼皮制的鞋准备出关，待检查完所有的证件后，海关小姐礼貌地请她脱下鞋，并告之"违禁品，没收了，谢谢合作"，这位女士只好光脚上了飞机。

可惜更多的国家、地区并不是这样。

当所有野生动物彻底灭绝之日，就是人类走向毁灭之际。

正如一个有良知的作者所说的：与滥伐森林，污染河流、大气一样，人类在毁灭别的生物并破坏了赖以生存的环境之后，正走在日益艰难的孤独之路上。人类对大自然征伐的每一次成功，都不是胜利，而是失败，是一步一步走向毁灭。

在这之前，抢救一切野生动物就是为了抢救人类自己。

人啊，你应该悔改！

■ 赏 析

半年前，本文的作者曾愤愤地说："我真想让这个地球毁掉！"我知道，她的愤慨缘自人类对自然界的掠夺性破坏，我为这个女孩人格的力量而顿生敬意。如今，放在我面前的这篇文章，以它的批判力度再次让我肃然起敬，相信大家读后也会有同感。

　　这里有大量的典型事例，这里有情感的宣泄，这里有睿智的分析，这里还有激烈的抨击和深层次的反省。只要举一个例子就能说明问题——文章认为人类对野生动物的残杀是在"铲除同类中的异己"，真是一语道破真谛！

　　可以毫不夸张地说，这是篇凝聚着人类良知的沉甸甸的警世之作。作者思维的深邃让人吃惊。

　　愤怒出文章，情感加理智能出好文章，这是我从此篇力作中切切实实体会到的。

宝石和白发

>> 赵燕萍

"人"的本身，就是两条腿迈开的大步。

桥脚下那家"天府小吃"的生意一直很兴隆，来吃的也多为有钱的人。

每天，我都经过那里。在那里，我总可以看到最时髦的发型、衣饰、鞋帽……

那一日，我又经过"天府"。店门前坐着一个异常美丽的女子，微微染红的头发，棕色长裙，举止极为高雅。忽然来了一阵顽皮的风儿，吹乱了那女子的鬓发，她微微一抬手，极优雅地在空中划了一个弧，便触摸到了鬓角。一刹那，一抹高贵的绿色便在阳光下流动，那是一颗"祖母绿"，配在丽人白皙的手指上，更显得典雅。一时间，就有了"宝石配佳人"的艳羡感觉。

微微一转，便过了小店，走到了那只垃圾箱旁。顽皮的风儿又来了，围着我乱跑，吹乱了我的头发，可我丝毫不理会，满脑子想的还是那颗"祖母绿"。忽然，眼前似乎飘过一片白色的东西，把我从"祖母绿"拉回到了现实。那肯定不是云，云没有它白得那样纯洁。我略一抬头，一老妇人便映入我的眼帘，那白的便是她的白发。她穿着已洗成灰色且补着补丁的蓝布大褂、灰布裤子和一双已经很破旧的布鞋，蹲在垃圾箱旁的垃圾堆边，用手挑拨着，不时地把挑出来的"剩余价值"放入她专用的那只麻袋。她挑得很认真，也很仔细，就像一个妇人在众多的宝珠玉石中挑选自己的心爱的一颗。风还在吹，白发在她鬓角舞动。一瞬间，我便有了想哭的感觉，又想起了那颗"祖母绿"。

以后的路，我走得混混沌沌，眼前不时地浮现出舞动的白发，闪光的"祖母绿"；"祖母绿"、白发；白发、"祖母绿"……

■赏析

一种幻觉，一种颠倒。高雅的"祖母绿"，雪样的白发；宝石配佳人，老妇捡垃圾……变幻的感觉组合成本文交替显隐的巧妙，平实的语言道出了大千世界的不平……

真希望所有的年轻人都成佳丽；更希望所有的老人都拥有"祖母绿"！

天生我材

■ 成　功

>> 季羡林

　　"古今之成大事业、大学问者，必经过三种之境界：'昨夜西风凋碧树，独上高楼，望尽天涯路。'此第一境也。'衣带渐宽终不悔，为伊消得人憔悴。'此第二境也。'众里寻他千百度，蓦然回首，那人正在，灯火阑珊处。'此第三境也。"

　　什么叫成功？顺手拿过来一本《现代汉语词典》，上面写道："成功，获得预期的结果。"言简意赅，明白之至。

　　但是，谈到"预期"，则错综复杂，纷纭混乱。人人每时每刻每日每月都有大小不同的预期，有的成功，有的失败，总之是无法界定，也无法分类，我们不去谈它。

　　我在这里只谈成功，特别是成功之道。这又是一个极大的题目，我却只是小做。积七八十年之经验，我得到了下面这个公式：

　　天资 + 勤奋 + 机遇 = 成功

　　"天资"，我本来想用"天才"，但天才是个稀见现象，其中不少是"偏才"，所以我弃而不用，改用"天资"，大家一看就明白。这个公式实在是过分简单化了，但其中的含义是清楚的。搞得太烦琐，反而不容易说清楚。

　　谈到天资，首先必须承认，人与人之间天资是不相同的，这是一个事实，谁也否定不掉。十年浩劫中，自命天才的人居然大批天才。葫芦里卖的是什么药，至今不解。到了今天，学术界和文艺界自命天才的人颇不稀见，我除了羡慕这些人"自我感觉过分良好"外，不敢赞一词。对于自己的天资，我看，还是客观一点好，实事求是一点好。

　　至于勤奋，一向为古人所赞扬。囊萤、映雪、悬梁、刺股等故事流传了千百年，家喻户晓。韩文公的"焚膏油以继晷，恒兀兀以穷年"，更为读书人所向往。如果不勤奋，则天资再高也毫无用处。事理至明，无待饶舌。

谈到机遇，往往为人所忽视。它其实是存在的，而且有时候影响极大。就以我自己为例，如果清华不派我到德国去留学，则我的一生完全不会像现在这个样子。

把成功的三个条件拿来分析一下，天资是由"天"来决定的．我们无能为力。机遇是不期而来的，我们也无能为力。只有勤奋一项完全是我们自己决定的，我们必须在这一项上狠下功夫。在这里，古人的教导也多得很。还是先举韩文公。他说："业精于勤，荒于嬉；行成于思，毁于随。"这两句话是大家都熟悉的。

王静安在《人间词话》中说："古今之成大事业、大学问者，必经过三种之境界：'昨夜西风凋碧树，独上高楼，望尽天涯路。'此第一境也。'衣带渐宽终不悔，为伊消得人憔悴。'此第二境也。'众里寻他千百度，回头蓦见（原词作"蓦然回首"一编者注），那人正在，灯火阑珊处。'此第三境也。"静安先生第一境写的是预期。第二境写的是勤奋。第三境写的是成功。其中没有写天资和机遇。我不敢说，这是他的疏漏，因为写的角度不同。但是，我认为，补上天资与机遇，似更为全面。我希望，大家都能拿出"衣带渐宽终不悔"的精神来从事做学问或干事业，这是成功的必由之路。

■ 赏 析

"天资＋勤奋＋机遇＝成功"，这简单的公式里，还真能道出点儿成功的奥谜来。但作者在分析成功的这三个条件时，又着重强调了"勤奋"的重要性，依我看所谓"勤奋"，首先要有一个"心存高远"的境界，再次就是要有一种"持之以恒"的精神，最后，我想还得需要一个好的身体。

"勤能补拙"，在通向成功的路上，不要奢求上苍的恩赐，只有埋下头去，勤奋进取，你才能抵达胜利的彼岸……

■ 开花的课桌

>> 王连明

　　春天是从孩子们的身上产生，先染了他们的课桌，然后漫出窗子，染了山川。和孩子们在一起，就是和春天在一起。

　　看看日历，知道已是春天，可走在户外，觉得风还是冬天的风，冰凉刺骨。太阳依旧病恹恹的样子，起伏的山，一片片的林子，全是灰蒙蒙的颜色，铅笔画似的，哪里有一丝春天的踪迹？有一天，我却意外地从学生的课桌上，发现了第一抹春痕。

　　学生在写作业，我在静悄悄的教室里巡视，蓦然看见，一个课桌的缝隙里，有一撮小草芽，用细细的白线娇娇地扎着。草芽针一样细，顶端嫩绿，往下是鹅黄，根部则嫩白。我站在那里端详了许久，心中一时有些感动。我相信，这是天地间的第一抹春色。在寒风料峭的二月里，在灰黄苍茫的天地间，发现这一抹淡到极致的春色，需要怎样的耐心和细心呀！也许只有灵秀的孩子们才能感觉得到。当孩子们采集到它时，一定十分快活，乃至大声地欢呼过。我捏起那一小撮纤细的草芽看了看，又插进桌面的裂缝里，坐在位子上的男孩，这第一抹春色的主人，仰脸望着我，笑了。

　　这以后，稍一留心，便天天可以从学生的课桌上，感受到春意的萌动和蔓延了。桌缝里，有一二截刚刚泛青或萌出芽苞的小树枝，三五朵小野花——那么小，白的似米粒，黄的、红的，像蜡笔上削下的碎屑。想这些鲜艳的粉末，该是二月的风荡来的春天的彩尘，细心的孩子发现了，便用小手指将它们拈起来，染在了他们的课堂上。终于有一天，我看见学生的课桌上，插了一枝迎春，枝条上是繁密的金色小花，如一串耀目的阳光。教室里，被映上了一层淡淡的暖意。

　　打碗花、紫地丁、黄地丁、映山红、葛花……学生的课桌上花事纷繁起来，演示着春天的进程。有些野花，我根本叫不出名字。一到春天，山里野花真是太多了，山坡上、田埂上、河边、路旁，到处都是。孩子们翻山越岭来学校，路上只要一弯腰，便能采一把在手里。这些山里孩子，有的还穿着露趾的鞋，穿着哥哥姐姐肥大的旧衣裤，他们无忧无虑地吹着柳笛，摇着手里的野花，沿着弯弯的小路跑着、跳着，到了学校，便把那花插在课桌上。有的孩子，还用细线把花枝绑在铅笔上，看上去，他像是捏着花枝在写作业了。花枝轻抚小脸，让人想不清，是花枝染红了小脸，还是小脸染红了花枝。

有一天，我迎着学生的歌声走进教室，看见我放着教科书的课桌上，也插了几朵野花。我的课桌最破，桌面上满是裂缝，循着纵横的缝隙，长满了青草、绿叶、小花。那课桌，仿佛是从春天剪下的方方正正的一块芳草地。我打开教科书，书页里也夹了几朵指甲般大小的紫色小花。我笑了，学生们也喜形于色。我没有说什么，便开始讲课。其实不必说什么，那一笑，已使师生的心沟通了，大家共守着默契。这一节课，上得格外好，学生始终情绪高昂。下课后，我拿起一枝开着淡紫色花朵的葛条，嗅了嗅，对学生说："真是春天了，连咱们的课桌也都开花了！"学生大笑，欢呼起来。这时候，一个调皮的男孩，指着一个女孩子说："老师，她也开花了！"我一看，可不，她的小辫子上，簪了一枝粉红的野花。学生们又是一阵击掌大笑。

在这开花的课桌间踱步，听着学生们那晴朗的笑声，我觉得，这教室该是春天的源头了。春天是从孩子们的身上产生，先染了他们的课桌，然后漫出窗子，染了山川。和孩子们在一起，就是和春天在一起。我想起了一位诗人的句子：

孩子是春天的另一种姿势

■ 赏 析

这篇叙事散文的基本特点是：细、清、真。

作者对客观事物的观察细、描述细，以及对主观体悟的表达细，真可谓"盆山蕴秀，寸草涵奇"。

而"清"的境界，表现在作者对结构、语言、情感等许多因素发挥整体功能而营造出的一种氛围和气韵。在这篇文章中，你找不到极浓的抒情的句子，而一种淡淡的，不动声色的情意散溢于文中，潜移默化地叩响读者心灵。

　　至于真，当然是指真情实感。这个话题，我就不再多议了，待你读过此文之后，自然就会品出它的"真"味儿来。

■ 兄弟来自农村

>> 李贵清

看多了有些都市味的脸庞，就发现农村孩子所特有的清新淳朴应该光
大发扬。

看多了有些都市味的脸庞，就发现农村孩子所特有的清新淳朴
应该光大发扬。现在城镇的女生远不及乡下女生的自然清新，要么
过于忸怩，要么就是"川妹子"。而男生则没有山一样的感觉；虽
有壮如牛的体魄，走起路来却似弱柳扶风，作纤纤细步。这世道似
错位了，女生摆酷，男生犯嗲。当你又见某某愁得"一江春水向东
流"时，用不着大惊小怪，也许一会儿他（她）就乐得手之足之舞
之蹈之了。我一向认为他们大谈忧愁是不正视农村兄弟的存在。要
说愁，我把心事随便拔一毛就是一团愁云，我曾发誓，哪家伙再敢
说苦难是农村孩子的一笔财富，我就向他募捐这笔财富。就在他们
为某某"名花有主"而失落时，我在为下个月的口粮发愁。在这种
环境中难免生出些孤独的心情。

想当年，我也可以毫不拘束地做自己喜欢做的事。我家后山坡上篮
球可当足球踢，足球也当排球扣，野花也做羽毛球狂拍。绝无人为你的
臭技笑掉大牙，绝无人来抢你脚下的风火轮。你可以有劲时攀岩走壁，
玩累了扯着树枝坐滑梯；你可以对山狂吼，亦可以迎风鸣笛，奇妙的回
声将是一台绝伦的索尼，你全都可以……可我长大了，生活的窘迫也使
我变得成熟起来。今天，我亲爱的足球也只得暂时委屈委屈，等到有朝
一日再让它像郭沫若笔下的煤那样得以重见天光；国画颜料也呈现出黄
土高原的风貌；室友的棋局可吸引我忙里偷闲，但往往不到三两步，那
份雅趣早被嘈杂的吵闹和观棋者的指手画脚践踏得一塌糊涂；横笛曾是
我的最爱，无奈也只得在熄灯前的几分钟内急吹一二，嘴急手快，一副

狼狈样儿，断无情韵可言。为了直面生活的挑战，我只好搭上了所有快乐的资本。我的双手得对得起爹妈的汗水。要想将来有个好光景，不得不暂做闹市中的苦行僧。

"情到深处人孤独"，忆及于此，一向以乐观自居的男子汉竟涌起些酸楚。我又想起了农村的一句俗语："龙生龙，凤生凤，老鼠的儿子打地洞。"似乎命就是天注定的，我有些不甘。饿肚子我可以忍，蹭破鞋我可以忍。但我不敢使自己的成绩跨下来一毫米，否则，我面前所有的一切美梦都将化为梦幻泡泡影。有时真羡慕城镇的学生有足够的背景和资本，吃了早餐不必愁下顿，不必担心考砸了会毁了前程。我们这些来自农村的兄弟，得老老实实，发扬老黄牛的精神，勤勤恳恳，一步一个脚印。我没有时间去销蚀，我必须成功，否则李家的书香梦就要推迟到我的儿子辈上去续了，这不是我这辈子最大的悲哀么？心如止水是我的意境，来去如风成了我的旋律。我期待命运兑现"功夫不负有心人"的承诺。

城镇的学生到底见识广博，反应灵敏。想曾璐仅花了三个通宵，历史分就有七十多。而我惨淡经营两月余才勉强弄了七十几。在英语方面，我属于那种底子薄，问题多的无产阶级。我也不敢像肖竹那样，狂歌乱舞，尽数释放内心的欢愉。我顾忌，偶尔得意时的放纵只会使多数时的失意更深一层。在学习上，你想学方法？请找他们；要学精神？找我也行。可我依然要倍加努力，也许有一天我将和他们一起手挽手走出城门；但首先是我要独立走出山门。

平生万种心爱，悉埋心底，此时无数习题还待解析。近望期中，不知将是谁执牛耳？遥想高考，我盼榜上有名。回头问大山的儿子，谁来主宰他的命运？大山表示沉默，上帝也不懂汉语。摸摸自己的胸口，还好，还有一颗蹦跳的心哩！

■ 赏 析

这是一篇能够引起共鸣的习作，作者从农村孩子的视角出发，把压抑于心头的苦水一古脑儿抖露出来，于诙谐幽默之中透出几分凄然、无奈和沉重。但"身为大山的儿子",就注定蕴积着火一样的激情,注定有一颗突突蹦跳的炽热之心。作者于沧桑之中默默叹息,于叹息之中不断挖掘自我寻找自我。掩卷而思,你或许会有一种莫可言状的惆怅,还隐隐有一种搏击命运之神的力量……

■ 厚积而薄发

>> 周 研

一座冰山露出海面的高度只是它全部高度的十分之一，还有十分之九隐藏在我们看不见的地方。然而没有这十分之九的基础，就不可能有那十分之一的冰山高耸在海面之上。

王小玉融合了南北各地的腔调，创造出令人神魂颠倒的唱书；柳敬亭亲见了流离遇合、破家失国之事，把亡国之恨融入说书之中。他们之所以在艺术上取得了巨大的成就，都是因为在这方面广泛的积累。厚积方能薄发。

王小玉的大鼓是在艺术形式上的创新。这种创新不是凭空而来的，而是来源于对其他多种艺术形式的积累。只有在把西皮、二簧、梆子腔等等唱腔都熟记于胸之后，只有在对余三胜、程长庚、张二奎等人的腔儿都了如指掌之后，王小玉才有可能创造出大鼓这种新的艺术形式。

艺术形式的创新来源于积累，艺术内容的升华更是离不开广泛的生活基础。柳敬亭若不是亲见了豪猾大侠，杀人亡命，亲见了五方土音，乡俗好尚，就不可能使他说的书令人亡国之恨顿生。同样是说话，柳敬亭能使听众体会到更深刻的思想内涵，这完全来源于他对生活的充分体验。

人们看到的往往是王小玉唱大鼓如何的绝妙，柳敬亭说书如何的精彩，却忽视了在这背后厚实的基础。一座冰山露出海面的高度只是它全部高度的十分之一，还有十分之九隐藏在我们看不见的地方。然而没有这十分之九的基础，就不可能有那十分之一的冰山高耸在海面之上。

其实，哪一次成功不是来源于辛勤的积累呢？有人幻想不必学那么多东西，就可以凭空搞出个发明创造来，那就像不学南北各地的腔调就想创造出大鼓的调儿一样，几乎是不可能的。即使碰巧创造出来了，也是浮躁而肤浅的，不会有持久的生命力。也有人想不体验那么多生活就写小说、写诗、写歌，那样的作品即使写出来也只能像妄想让没有见过流离遇合、破家失国的柳敬亭说出亡国之恨一样，"为赋新词强说愁"
而已。

朋友，无论你将来从事哪一行业，千万不要忘记：厚积而薄发。成
功就来源于每一天、每一次的积累。

 赏 析

王小玉和柳敬亭是我国古代两位著名的艺人。柳敬亭久居军中，他
的歌声"或如刀剑铁骑，飒然浮空；或如风号雨泣，鸟悲兽骇，亡国之
恨顿生……"但是，假使他没有亲历战火硝烟颠沛流离，没有亲听五方
土音乡俗好尚，恐怕难以将生活诠释得如此生动。王小玉呢？假如她没
有不断汲取南腔北调之精髓并加以创造，她的大鼓也绝不可能达到令
"南北高下之人"统统神魂颠倒的地步。

我要说：美源于生活，美源于创造。

——这也是作者要阐明的道理。

■ 风　筝

>> 司　威

　　我梦见自己变做一只飞翔的风筝，但那是自由的，可以让我展翅高飞，蓝天是属于我的，未来也属于我……翱翔在天空上的感觉，真好！

　　终于做完了作业，一个星期天，又这样的坐了一整天。站起身，活动着手脚，走到窗前仰望天空，发现远处有一点黑影。哦，那是一只高飞的风筝。

　　那风筝飘来飘去，在自由地飞翔，在风中出生，在风中成长，被风哺育，被风培养，靠线绳的牵引，它高高地飞翔，去探索那未知的世界。

　　忽然间，我觉得自己就是那高飞的风筝，翱翔在广阔的蓝天中。父母殷切的期望，宛如那风总把风筝高高托起那样，希望我能够在那蓝蓝的天空中高高飞翔。老师给我知识，教我待人处事，就像那线绳为风筝指点迷途，带着风筝飞向天空。

　　风筝又是不幸的，它就像一只鸟一样翱翔于蓝天白云之间，但它又不及鸟儿那样无拘无束，自由自在的往来于各处。当风筝高飞于苍穹之中的时候，身后总是有一条长长的线绳束缚着它的创造欲，束缚着它的激情，使它不能自由自在地飞翔。此时，风筝似乎说："放松这紧绷的线绳，让我自由高飞吧！"

　　天渐黑了，风筝被慢慢地收回去了。唉，它总是要受到牵制的，但它也是幸福的，有人无微不至的呵护。风筝看不见了，一身的疲惫也已经消散，我要继续复习了。

　　夜里，我梦见自己变做一只飞翔的风筝，但那是自由的，可以让我展翅高飞，蓝天是属于我的，未来也属于我……

　　翱翔在天空上的感觉，真好！

■ 赏 析

多么典型的一则高三生活的片断！沉重的课业负担，枯燥的学习生活，束缚着莘莘学子的手脚，何时才能解脱出来？何时才能在蓝天白云之间自由地翱翔！

可喜的是，作者有自己的调节方法，他从风筝那里得到启迪——"一身的疲惫也已经消散"——多么富于哲理！

从抑郁的阴影中走出来吧，因为，蓝天最终是属于你的，未来最终也是属于你的……

■ 爱每一个我

>> 韩淑芳

我一直在为理想而努力，为前景而奋斗。泰戈尔说："天空没留下鸟的痕迹，但我已飞过。"在青春道路上漫步的我，想要说：朋友，请爱每一个我。

我喜欢寂寞，也喜欢快乐；我喜欢幽深，也喜欢辽阔；我喜欢娇柔，也喜欢磊落……啊，我的爱，是如此的广博！

我喜欢花开，也喜欢月落；我喜欢草原，也喜欢大漠；我喜欢平淡，也喜欢磅礴……啊，我的爱，是如此的繁多！

我也曾错过，但我没有退缩；我也曾失败，但我心中点着希望的火；我也曾失落，但我一直在追寻着快乐……呵，这缤纷多彩的生活，我对你的爱是如此的狂热！

我也曾哭过，但我更爱笑颜的花朵；我也曾恐惧，但我更爱无畏的开拓；我也曾败过，但我一直在寻找成功硕果……呵，这美好之至的青春，我对你的情是如此的执著！

如果你看到我沉默，请不要问这是为什么，暂时的停歇是为了更强劲的追逐；如果你看到我淡漠，请不要问这是为什么，一时的自省是为了更好的拼搏；如果你看到我眉头紧锁，请不要问这是为什么，此刻的思考是为了更深层的探索！

生活的色彩如此斑驳，我爱它的明丽，也不排斥它的暗淡；生活的味道如此繁多，我爱它的甜美，也不怨恨它的酸涩。我走过辉煌，也走过挫折；我走过美丽，也走过残破。我的心如此坚硬，披着岩石的外壳；我的灵魂如此脆弱，恰似雨中的小荷。

朋友，不管我是从沉静走向活泼，还是从开朗走向静默，都请珍视我；不管我是从痛苦走向快乐，还是从欢笑走向平和，都请关爱我。因为，我一直在为理想而努力，为前景而奋斗。泰戈尔说："天空没留下鸟的痕迹，但我已飞过。"在青春道路上漫步的我，想要说：朋友，请爱每一个我。

■ 赏 析

　　爱寂寞，也爱快乐；爱花开，也爱月落。阳光季节中的女孩子，便是这样的自在活泼。

　　错过不退缩，哭过不失落；对生活热爱，对理想执著，如花岁月中的女孩子，已经开始冷静的思索。

　　静默是为了追逐，淡漠是了为了拼搏。这样浪漫而又理智的女孩儿应该有能力直面失败，傲对挫折。是的，虽然鸟过天空无痕，但她却划出了一道光亮的青春之火。彩虹般绚丽，流星般美好。

　　所以，我珍爱她，珍爱每一个。

寂寞与欢乐

>> 薛建福

从欢乐走向寂寞，不是弃绝红尘，哀叹人情的冷暖；不是消沉，怨恨命运前途的坎坷。而是不断地进取，辛勤地劳作；从寂寞走向欢乐，不是贪慕名利，生活庸俗没落，跟着世俗的车轮旋转，随波逐流，得过且过。

人生的旅途上交叠设置着两个站台：寂寞与欢乐。有人喜欢欢乐，有人偏爱寂寞。我希望在欢乐中宁静，独自走向寂寞；又在寂寞中热闹，愉快地走向欢乐。

当你生活在欢乐中时，我会大声呐喊：走向寂寞吧。寂寞能带给你对生活的思索。欢乐中虽然有鸟语花香。虽然有亲人团聚，挚友祝贺，可就是难以找到成功的领地，丰收的硕果。永远只知在欢乐中的人，注定一生只能浑浑噩噩。

当你生活在寂寞中时，我会大声呼唤：走向欢乐吧，欢乐能带给你理解和温情脉脉。寂寞中虽然拥有属于自己的领地，虽然能够好好品味佳肴美酒，可就是没有七色的生活引人注目，永远生活在寂寞中的人，从来就不懂得什么是真正的生活。

从欢乐走向寂寞，不是弃绝红尘，哀叹人情的冷暖；不是消沉，怨恨命运前途的坎坷。而是不断地进取，辛勤地劳作；更是深入透彻地思考，闭门思过，反复品尝生活，在一片无人涉足的原野中拼搏、奋头、开拓。只有这样，才能拥有一个真正的自我，一步步地走向事业成功的天国。

从寂寞走向欢乐，不是贪慕名利，生活庸俗没落，跟着世俗的车轮旋转，随波逐流，得过且过；而是需要人与人之间心灵与情感的交流，寻求人情的温暖，情感的寄托，领略千帆竞发的壮观雄伟，向世界展示举袂成云的洒脱。

从欢乐走向寂寞，又从寂寞走向欢乐，这不是简单的重复，而是螺旋式的发展前进，是人生旅途上无隙的契合。

■ 赏 析

　　通过捕捉和描绘"人生的旅途上交叠设置着两个站台"，作者犀利的目光犹如 X 光一般扫描了复杂的人生，透视了人生旅途中的种种心态，把"寂寞与欢乐"这本来十分抽象的辩证关系，写得亲切生动，精警深刻，引发读者去思索、奋进。

■ "忘我"的境界

>> 许 橙

那些具有崇高思想境界的人们，都可以为了一个光辉的目标而抛开"我"，达到"忘我"的境界。

要谈"忘我"，首先要谈谈这个"我"，"我"在这里指的是个人私利。"我"这个概念的形成，是在私有财产出现之后，这时，人们有了谋求私利的物质条件，随着这个概念的发展，自私自利者越来越多，百家争鸣的战国时期的杨朱所说的"拔一毛利天下而不为之"就是这些人的思想概括。"我"这个概念的消灭，有待于物质的极大丰富，而在这以前，那些具有崇高思想境界的人们，都可以为了一个光辉的目标而抛开"我"，达到"忘我"的境界。

首先，为了信仰，人们可以"忘我"。信仰，是人们的精神寄托。当人们对于信仰的追求到了炽热的程度时，是完全可以献出自己的一切，达到忘我的。这丝毫不足为奇。火刑架下的布鲁诺、刑场上的夏明翰早就用他们的鲜血和生命证明了这一点。中国革命的伟大先行者孙中山先生革命四十余年，鞠躬尽瘁，死而后已，真是忘我之至。他为的是什么？还不是为了他所信仰的旨在救国救民的三民主义吗？

其次，为了祖国，人们可以"忘我"。每个人都有自己的祖国。任何人，不论他持什么信仰，操什么职业，处于什么样的社会地位，只要他是一个正直的人，那么他首先应该是一个忠诚的爱国者。对于一个爱国者来说，和祖国相比，"我"是微不足道的。凡为爱国而忘我的人，都受到了人们的敬仰。法国贞德之所以被尊为"圣女"，就是因为她爱国，为自己的祖国忘我地贡献出了一切。在我们中国上下五千年中，因爱国而忘我者更是史不绝书。从屈原到辛弃疾，从文天祥到史可法，从林则徐到邓世昌，他们用自己的热血和生命谱写出了一部中华民族的爱国史诗。而当他们为祖国献出这一切的时候，又何尝想到了半点"我"！

为了事业，人们仍然可以忘我。当罗马士兵的宝剑刺穿阿基米德的胸膛时，他所想到的是一条没有证完的定理。伽利略被罗马教庭判处终身监禁以后，仍然在撰写物理巨著《对话》。美国的一位科学家在被毒蛇咬伤，即将与世长辞时，顽强地记录了自己临终时的感觉，供后人研究。这些献身事业的人们坚信自己的事业是崇高的，是人类的生存、发展所必需的，因此，他们献出了一切，包括生命。

为了信仰，为了祖国，为了事业，古往今来，多少志士在忘我奋斗。将来，人们在纪念他们的时候，一定会彻底忘掉象征着个人的一切私利的"我"这个概念的！

■ 赏 析

从谋求私利的物质条件中走出来，让信仰和追求支撑起灵魂的骨架。"那些具有崇高思想境界的人们，都可以为了一个光辉的目标而抛开'我'，达到'忘我'的境界"。那么这个"光辉的目标"到底是什么呢？

——信仰、祖国和事业。

为了信仰，可以无私地奉献出自己的热血和生命；为了祖国，可以忘我地贡献自己的一切；为了事业，可以顽强地抵御各种磨难。

■ 我是一个好看而不好惹的家伙

>> 李 群

我的生存能力极强，你任意从我身上摘取一个小果实，插入泥中，虽然没有根，不过一两天，我就会"五脏俱全"。

我的名字叫仙人掌。顾名思义，一定是指我的形体像手掌那样。其实我包括的范围可广呢，什么仙人球、仙人树、仙人山等等，都是我们仙人掌庞大家族中的一个个成员。

《辞海》里对我的介绍是："仙人掌，仙人掌科。灌状肉质植物……有黄褐色或暗袍色刺。"这介绍太概括，在这里，我愿意作一个比较详尽的自我介绍。

我的外形很奇特，全身长满了尖尖的刺，大约有数百根。这些东西都是好看而不好惹的家伙，如果谁想到我这儿赚点便宜，对不起，只好让他受皮肉之苦了。我的最外一层，说确切一点，就是表皮，蜡质的，呈绿色，很坚硬，像一层绿色的铠甲，保护着我的身体。表皮内的组织，大部分是由纤维构成，里面充满了水份。别看我外面坚硬，里面却柔软得像棉花。

我的外形特点是与我生存的环境相适应的。达尔文说过："适者生存"。如果我没有这一副奇特的打扮，是活不下去的。我的故乡在热带沙漠地区，那里终年高温干燥，有时全年不见一滴水，阳光照射之强烈。水分蒸发之快速，是决非一般植物所能忍耐的。然而在这样恶劣的环境中，我却生机勃勃，可见，我的外形与环境是多么相适应。你一定以为，我没有叶，其实，和那些干燥地区的大多数植物叶子一样已呈针状；那一根根尖刺，就是我的叶子。这样，可以减少我体内的水份的蒸发，避免失去过多的水份。我表皮有着一层蜡质，它可以使我避免阳光的直接猛烈的照射，这样既保护了我心爱的"铠甲"又可以使我减少水分的损失。我体内充满了水份，也是由于有这样一个巨大的贮水库，不至于把我渴死。"贮水库"的水分，往往深扎地下数十米，因此虽然地表缺乏可供吸收的水分，我还是可以像抽水机一样，从地下源源不断地把水吸入"贮水库"。

有人以为，我没有果实，这也许是我开花结实的机会少，往往几年才有一次的缘故。事实上，我的花美丽异常，红的、黄的、白的都有。但只是昙花一现，不到一天，就会凋落。文人墨客，常常把我作为写书作画的对象。我不光开花，也结果实，我身上的一根根小刺，就是我的果实，它们大都是比较整齐地排列的。当果实长大后，会生长出数百个后代，所以我的繁衍速度非常快。在热带沙漠地区，一个像手指大的小仙人球，一年之内，就可以长成像篮球一样大。我的生存能力极强，你任意从我身上摘取一个小果实，插入泥中，虽然没有根，不过一两天，我就会"五脏俱全"。

在黄沙滚滚的沙漠地区，只要有丰富的地下水，我就可以安家。我的个子有大有小，大的竟有十几米高。黄沙漫漫，当你感到口干舌燥，四肢无力的时候，水对你是多么的重要。这时，只要有了我，你就可以剖开我的身体，尽情地吮吸我体内的汁液，尽管水汁略带苦味，但可以解除你燃眉之急。

现在，我的生长范围不仅仅局限于沙漠、干燥地区了，还在温带落户扎根了。人们把我迎进了公园、植物园和家庭，从为一种观赏的植物。但你在培植我的时候，千万不要以为我从干旱地区来，需要大量水，而拼命浇灌，我对水的需求其实是很少的，干旱的环境，养成了我一种抗旱的特殊本领，过多的水，反会烂掉我的根，使我死亡。

■ 赏 析

如果你在沙漠中见到"我"，一定会为"我"强大的生命力而惊诧；如果你在公园中见到"我"，一定会为"我"的孤傲不群而震撼。你知道"我"为什么有那么多刺吗？读过这篇文章后，相信你已经明白了。

　　不过，"我"还要告诉你，"我"是坚强不屈的，不怕酷热，傲对干旱。那么，你是不是也该像"我"一样，而不再做"温室中的花朵"呢？

■ 放学以后

>> 薛伟强

生活中多些微笑，一切都那么美好！

昨晚看电视看昏了头，竟把"背书"忘得一干二净。今天下午好不容易把古文攻下来，傍晚时学校里空荡荡的，已经没有几个同学和老师了。

我从一年级教室外匆匆走过，看见教室门没有关，也没有在意。走了一段路，觉得不对头，回头一看，那教室一片辉煌，四只日光灯在大放光明。

我心里有些发毛：四只日光灯如果开一夜的话，说不定有几只会烧坏的；再说，电视里不常常在告诫我们"能源有限"吗？这分明是在浪费能源呀。

我停步，转身，但走到教室门口，又迟疑了：这些天我们学校丢钢笔、圆珠笔的事时有发生，万一明天这个班级里发现丢失了东西，我这不是跳进黄浦江也说不清了吗？

我重新转过身，重新抬起了腿，但没走出三步，似有芒刺在背，那四只日光灯在呲牙咧嘴嘲笑我：亏你是个中学生，接受了七年多的学校教育，就连这点觉悟都没有？

我再次回头转身，终于义无反顾地走进教室。只是举手之劳，就把四只日光灯一一拉灭了。走出教室随手又把门关上。

走到过道上，忽然看见对面办公室门口站着位老师，他在看着我，他看见了刚才发生的一切？我有点惭愧：这一点点小事，竟费了那么多周折。我侧过脸，瞧了他一眼——哦，他正扶着鼻梁上的眼镜，冲着我微笑——虽然仅仅是微笑，但我已经觉得足够了。

我跳上自行车冲出校门，夜幕已经降临了。我看到遥远的天边有一颗很不起眼的星星，在闪烁着淡淡的光辉。

■ 赏 析

　　多么细微的一个动作，多么普通的一桩小事，在作者的笔下，却刻画得如此细腻如此生动，从视觉和动作等多方位展示，即符合从客体到心理，再从心理到客体的反映规律，又文势一波三叹，令人玩味无穷。

　　由迟疑至义无反顾，由担心至面对微笑，这个过程，是作者心灵升华的过程，周折之中蕴含复杂的思想斗争，读之颇具感染力。

自尊是一面飘扬的旗

>> 黄开林

自尊是动力，是力量，它可以变被动为主动，化腐朽为神奇。自尊是做人的尊严，是堂堂正正的人生。自尊是一面鲜明之旗，独树一帜在世俗之上，在人类精神和灵魂的至高点上永远飘扬。

用微笑面对挫折是一种极高的人生境界，用自尊面对生活则是一种真正值得称道的完整人生。

一个人可以没有荣誉和鲜花，但不能没有自尊。不管别人尊重你，你自己要尊重自己。古人云：人不求人一般高；又说：人到无求品自高。敬人者，人敬之。人尊人重，人敬人高。只有自尊才能尊重别人，也才能受到别人的尊重。松自尊，不失其青翠；竹自尊，不失其节操；荷自尊，才会出污泥而不染；梅自尊，才会孤芳凌霜众人赏。

自尊不是自私，自尊更不是妄自尊大。

自尊是一个人的脊梁，自尊是无畏的气概，自尊是一个人必须具备的操守。它提供给生命的不只是一种依托，一种凭借，一种支撑，还是永远的充实，永远的能量，永远的精神动力。

自尊是人的一种生存态势，如一泓清纯的山泉，不管你什么时候碰到，给你的印象总是那么洁净、透明、晶莹；又像是一根钢筋，无论铆焊在何处，都是那么从容自若，铁骨铮铮。

自尊其实是一种内涵丰富的修养。尽管容易让人误解为自负和清高，但从趋炎附势，卑躬屈膝，不会为尘嚣所乱心、诱惑而动摇。尽管不屑于高谈阔论，妙语连珠，但不说就不说，说出来就掷地有声，就连那余音也会飘出来一些豪气。正所谓：侠骨、傲骨、铁骨，只要有了自尊，即使化为一堆白骨也有千金之贵；警语、壮语、隽语，只要有了自尊，即使只是只言片语也是一言九鼎。

自尊是动力，是力量，它可以变被动为主动，化腐朽为神奇。

自尊是做人的尊严，是堂堂正正的人生。

　　自尊是一面鲜明之旗，独树一帜在世俗之上，在人类精神和灵魂的至高点上永远飘扬。

 ## ■ 赏 析

　　"自尊是动力，是力量，它可以变被动为主动，变腐朽为神奇"。

　　自尊是人性完美的基石，失去它，你就只能拥有一幅空乏的躯壳。

　　于自尊中树起人的尊严和信仰，于自尊中找回自己"堂堂正正的人生"。

　　"在世俗之上，在人类精神和灵魂的至高点上"，请挥舞自尊的大旗，亮丽自己的一生！

■ 本子里的世界

>> 曹 颖

心，需要放飞。放飞的心才会翱翔得更高。随意和真实，也能组成另一道绮丽的风景。

书本，书本，本子总是被委屈地挤在后面。但比起书来，我们对它却更为亲切：在这里，"编者"，是我们；"印刷"，也是我们。每个人的本子上，流淌出各种不同的旋律。翻开本子仔细看看，就会发现一片五彩斑斓……

高中生的本子，确实比在初中时整洁多了。让我吃惊的是，许多男生的字迹竟如此悦目，与以前常取笑的"甲骨文"有着天壤之别。看来，须眉的确不可小觑呀！男生的字大都方方正正，笔画之间会有绵延不绝的连线。粗一看，还以为是个迷宫。而女生的字，总那么秀气，一个个密密地挨着。偶尔会冒出一两个极繁或极简的异体字，让人一怔。瞧，角落上淡淡地用铅笔打着的草稿，一定是哪个懒虫图方便忘了擦；整道题被重重地划去，又补在最后。本子上最醒目的，要算红笔留下的痕迹。一个勾一个叉，一个"优"一个"重做"，便是对这篇"作品"最威严的评价。

在本子中最具特色的，不是哪门主课的作业本，也不是随笔本，而是平时谁也没放在眼里的——草稿本。因为没有了那威严的评价，"便觉是个自由人"，这里的世界由我主宰。于是，草稿本被当成了方向盘。360 度随意旋转着留下痕迹。

里面，会露出几句歌词，用钢笔认认真真地写着正楷。一面练字，一面记歌，如此"美妙"之事，定是上课"闲"得无聊而成的杰作。女生们另有解"闷"良方：仔仔细细勾勒出一张美女图，再添上几滴忧愁的泪水——郁郁寡欢也。男生呢，在草稿纸来源告急，考试即至的"危急"情况下，满教室地奔走借纸。这时候，是不是也会慨叹：自己怎么没想到准备草稿本呢？

草稿本不仅不可少，而且还是课堂上最好的通讯工具。同桌之间急需交流，可老师又在"努力"地寻找"杀一儆百"的对象，于是便在本子上奋笔疾书。为了表达得简单而准确，常常会中文洋文一起上，结果意思是清楚了，字却龙飞凤舞，让人琢磨半天。唉，顾此失彼啊！

草稿本不需要统一的规格，它的组成也五花八门。最正宗的是用雪白的纸张整整齐齐订成一本。而更多的则是某厂、某公司的报表便笺，一人一个样，绝不雷同。正因为原料充足，大家打起草稿来便是真正的大手笔：一个算式便判了这张纸的"死刑"。有些报表的空格，名字：填上自己的大名；分数：往往是"100"或在后面加上更多的"0"。

再仔细的学生也不会有一本别人看得懂的草稿本。因为里面藏着的，是一个个不为人知的故事。翻开自己曾写满了的作文本，除了一些高分能令我微笑，我更为一篇篇过于规则的文章而感到隐隐的失落。但如今翻开这从未注意过的草稿本，我会发现无处不在的闪光点，虽不能算太亮，却给我一次又一次的惊喜。嗬，原来无心插柳，柳却会成荫！

心，需要放飞。放飞的心才会翱翔得更高。随意和真实，也能组成另一道绮丽的风景。合上本子，我这样想。

■ 赏 析

作者对生活的本质有一定的理解，而且善于小中见大。在作者的思绪自由放飞之际，我们也得以悟到文章的内涵。

作者很巧妙地把草稿本和作业本赋予象征意义，那就是自由和规矩。字里行间，不时闪现出智慧的火花和俏皮的打趣，寓情于理，表现出当代中学生自由的天性及对纯真的渴望，青春之风扑面而来。

文章清新洒脱，生动活泼，颇有风采。

生命的放飞

>> 喻 菡

其实放飞生命又何尝不是一种反叛呢？反叛外施的压力，反叛落后的性灵意识，而忠实于人类进步的洪流。

我常久望天空，期待纸鸢摇曳的身姿，期待硕大的太阳升起、期待深蓝背景里白的光点……

有一日，读卞卡的《壶口走笔》，深为壶口悬瀑"涌来万岛排空势，卷作千雷震地声"的气魄所震摄；刹那间，亚洲第一飞人柯受良成功飞越母亲河上壶口瀑的一幕闪现于脑际。"飞"的意象融缩、放大、丰富，继而定格。诺亚方舟里放飞的生命——和平鸽回归了，衔着绿莹莹带水的橄榄枝。看芭蕾，舞者宛如天鹅行将起飞；听音乐，每个音符流动成扯向远方的飘带……

何止是我，整个人类二三百万年来，一直执著地追求"飞"的真谛。从最初的嫦娥奔月、敦煌飞天，到后来的宇宙飞船，随着人类思维空间的扩大，神话中的图腾不再是奢望。

飞的愿望一经实现，"飞"也就成了人类的使命。诗人希求阐释灵魂，画家想以笔墨丹青直接外化人格内核，音乐家意图捕捉每个音符的色彩，哲人们希望向未来拨射正影……他们面对的许是银装素裹抑或多彩斑斓，许是落天飞瀑抑或风云叱咤，这些很能把人的性灵放飞推向极致，形成波澜。但文人、艺术家们又多苦难，贬职流放，不得不"独坐幽篁里"，"采菊东篱下"，浓睡残酒又岂消忧愁？只得感慨绿肥红瘦，春寒料峭。但他们又太多倔强，古道、西风、瘦马皆可入诗入画，无须装饰，灵魂即可得到最完全的表露。心胸里若被棉絮全全充塞着，飞展不开，绝无隽永细腻之奇葩。另有一种文人，比如范仲淹谪迁中还能出"衔远山，吞长江"的豪迈之语。不是心灵从功名利禄中挣脱出来，极力驰骋于山水之间，中国恐怕要少了一处胜景了。由此，孤独之人想要放飞，必得有了纪伯伦所说"整个地球都是我的祖国，全部人类都是我的乡亲"的胸怀，这样才能给生命以游刃有余的空间。切莫错过了太阳就哭泣，那样你还将失去群星。

其实放飞生命又何尝不是一种反叛呢？反叛外施的压力，反叛落后的性灵意识，而忠实于人类进步的洪流。群鸟飞往蓝天，要求挣脱地球引力的束缚。文艺复兴、启蒙思想也是冲破了层层浓雾而大放光彩的。爱因斯坦的相对论改变了科学的思维方法，以经典力学为支柱的科学家们，有的竟跑到森林里结束了奋斗的一生。结果当然解决不了任何问题，唯有挣脱固有的模式，才能求得解放和发展。因此，那种认为第一个吃了螃蟹是比亚当偷吃禁果更大的罪恶的方法，必不灵验了。又有一种本是会飞的生命爱在翅膀上坠满金铃，修剪羽毛以期精致，殊不知雄鹰的双翼一旦坠上黄金，便无法飞往苍宇了。蛾儿作茧自缚而后又咬破致密的网，人呢？

彤云在空中相撞而有闪电的出现、雷声的共响；也许，生命放飞期待的也是高空中的撞击火光、声声共鸣。

放飞我们的生命，也许高处不胜寒，也许远方很渺茫，也许我们要"被倾覆于人生的荆棘"，但我们无怨无悔。放飞，即使是黄昏，也必然布满歌唱的流霞。

放飞生命，犹若中国古建筑的飞檐，陡而复翘，又如振翮腾飞的羽翼，拍击于生命的源头。

■ 赏 析

"生命的放飞"其实是人的性灵的放飞。

只有接近"高处不胜寒"的境界，你才会领略到生命的流畅和绝妙，你才会看到"布满歌唱的流霞"。这是至善至美的体现。作者于执著地追求"生命的放飞"的同时，也殷切地希望有强大丰厚的托举，有"冲破层层浓雾"的信心和勇气。

这是作者心灵深处的呼唤，是对人生达到至善至纯境界的呼唤。

■ 胖

>> 黄艳孚

胖给人以值得信赖的感觉，给人以生活优越无忧无虑的印象。

她确实很胖，一米五四的个子，体重竟达 60 公斤。为此同学们常嘲笑她。

下了课不敢去和同学们一块玩儿，同学们嫌她笨。当大家兴高采烈地玩得高兴时，她就一个人站在墙角眼巴巴地看。有时就干脆一个人跑回教室，专心去看书。

上体育课，要不是老师要求每个人都必须做，她从不主动去摸那些体育器材，因为说不定什么时候，就会招来同学们的轰然大笑。望着同学们洒脱地在宽阔的操场上奔跑，她羡慕得不得了，但如果她也上场跑，大家保准笑得跑不下去。于是她默默地站在场边上作看客。

茶余饭后同学们凑在一起聊天，也往往要谈论胖。因为这个年龄的中学生都爱美，某某的体形好看是她们常挂在嘴边的话题。于是她怕，很少参加聊天的队伍。

有一天午饭后，她实在无聊，看见几个女同学在一块儿谈天，她就大着胆子偷偷过去听。有人说："你怎么也胖起来了，都快赶上……"她不敢听下去，又默默地走开了。这时她想，如果能使她瘦一些，叫她付出什么代价她都肯。

有一天晚上，她从衣箱里拿出一条裤子，准备第二天换上。李小红一把抢过去就往自己身上套，还嘻笑着说："胖子，咱们换着穿，怎么样？我也赶赶时髦，穿穿这萝卜裤。你呢，穿穿我这个，也苗条苗条。"说着，还做了个极滑稽的动作。于是引得大家直笑得肚子疼。她呢，什么也没说，却憋得满脸通红，泪水直在眼窝转。

胖，难道也有罪吗？为什么她们老是嘲笑我，她经常这样想。

期末考试，她在全校取得了第一名！老师夸奖，学校奖励接踵而至。半年来，她第一次开心地笑了！胖，并没有妨碍我学习，她这样想，她满怀喜悦地抱着奖品回宿舍，刚走到窗下便停住了。

"你瞧人家胖子多棒，全校第一！"

"那是人家养料多。你想得第一？那就先加点营养，等上了膘……"

她好像被狠狠地刺了一下，但随即想，胖并不是耻辱，我是来学习的。于是她使劲儿挺了挺腰杆，大步走了进去。

屋里几个人愣了一下，互相对视着，沉默无语。她一反常态，冲她们笑了笑，说："别这样看我，我虽然外观比不上你们，但其他方面我比你们强。胖怎么了？胖给人以值得信赖的感觉，给人以生活优越无忧无虑的印象，将来我会比你们都有发展，不信等着瞧！"

■ 赏 析

生活中，确实有许多同学为自己长得胖而烦恼，这无非是为自己没有苗条的身材而苦恼，或者害怕被别人耻笑，该同学的文章道出了"胖"姑娘的真实心态。

本文写的"胖姑娘"，既有典型性，也有自己的特点：似乎少些通常胖人具有的达观，自卑感偏重，文章对她这种心态刻画得很细致。与此相关的，本文也真实地写出了周围同学对"胖姑娘"不公平的耻笑——应该给"胖姑娘"一个更宽容的环境。

当然"胖姑娘"靠自己的努力赢得了自信，这是最为重要的。

■ 用潇洒伴随人生

>> 张 健

让我们走出误区，用知识装扮自己，让欢笑点缀生活，在生活中寻找一个全新的自我，潇洒地走一走生活之路吧！

在当今的中学生中"潇洒"已成为一个时髦的字眼，"如何潇洒"也成为中学生们的一个热门的话题。但由于对潇洒的不正确认识，有些同学步入了潇洒的误区：

有的人把大把地花钱看成是一种潇洒；还有人把打扮得漂亮、入时作为潇洒的最高目标；也有人认为影星们在电影上所做的动作最为潇洒，并一味地进行模仿……

但我认为，如果把这些都叫做潇洒的话，那未免太低级了。我们不妨来看看。

把大把花钱看成是一种潇洒的人无非是认为要让人家瞧一瞧：我是富有的，可以随意花钱而不必为钱担忧。但他们没有想到，我们中学生还在念书，所花的钱是父母用辛勤的劳动换来的，我们没有权利这样一边故作"潇洒"地大手大脚地花钱，一边伸手向父母要钱。我们不能为了一时的虚荣而去追求这种"败家子"式的潇洒。

打扮得漂亮些，确实能给人以某种潇洒的感觉，这本来无可厚非。但如果一味地追求外表的漂亮，而无半点知识，甚至于连"中国首都在哪里"这种常识性的问题都不知道，那未免也太庸俗了，弄不好人家还会送你一个不大雅观的外号——"金苍蝇"。所以这种"金玉其外，败絮其中"的"潇洒"是万万不可追求的。

影星们表演时的动作固然潇洒，但要知道那只是特定的人物在特定环境中所表现出的特定动作。如果不加区别，一笑一颦，举手投足全都加以模仿，那真是太可怕了。不妨设想一下，如果一个人与你谈话，对方正是这种类型的人，他一会儿来个刘雪华式的乖巧，翁美玲式的天真，再来个林青霞式的欢笑，忽而转为高仓健式的冷峻，那还不把你弄得直起鸡皮疙瘩？那时你对他是怎么想的呢？我想你一定会认为这不是潇洒，而是做作吧，甚至还会对他产生厌恶的心理。因此，这也不能叫做"潇洒"。

那么，什么是潇洒呢？周总理在这方面为我们做出了榜样。他的生活十分俭朴，甚至于临终时找不到一件像样的衣裳，而且他的右手还有些残疾。但是这丝毫没有影响他那泱泱大国总理的风度。他以他那宽广的胸怀，惊人的口才，无私奉献的精神赢得了全中国人民的心，受到世界人民的广泛爱戴与尊敬。这是何其潇洒？

从周总理的例子，我体会到，潇洒是一种修养，是长期培养出来的，是装不出来，模仿不出来的。

当然，潇洒还要自然。因为强装的潇洒毕竟太累，太不真实。我们要向社会展示一个不戴任何假面具的自我。不放纵自己，也不压抑自己，想哭就哭，一哭为快；当笑必笑，笑个舒心。但笑不是自大的嘲笑；哭过之后就不应再存太多的悲伤。不能娇气十足，也不应虚伪矫饰，要瞄准自己正确的奋斗目标坚定地去走下去，让自己活得自在，活得潇洒！

当然，潇洒所要具备的条件不止这些，但我认为上面所说的是基本条件。

同学们，让我们走出误区，用知识装扮自己，让欢笑点缀生活，在生活中寻找一个全新的自我，潇洒地走一走生活之路吧！

■ 赏 析

何谓"潇洒"？

——只要作牢记"心底无私天地宽"的真理，只要作能正视自己，解剖自己，正确地对待自己，你才能正确地对待人生路上的挫折，才能百折不回，潇洒地做一名生活的闯将！

做为跨世纪的青年人，还要丰富自己的知识，只有这样，你才能品味到生活的甜美，才能使自己活得更充实，更完美，更潇洒！

成功的喜悦

>> 毛 桦

　　成功的喜悦——一颗令人回味无穷的果仁！成功的喜悦——一双会说话的眼睛！时间是经，空间是纬，在这经纬织成的网络里，成功怎么会不和失败相遇呢？

　　曾记得儿时和小伙伴们一起为小狗垒一个窝。浅浅的蓝天、毛绒绒的小狗、一群在草地上跑来跑去的孩子，构成了一幅天然的图画。

　　画面上的我们在一阵昏天黑地的"劳动"之后，看到的只是面前一堆泥巴和垒不起来的砖，以及一个个垂头丧气的小花脸。不知谁说了一句："咱们最后垒一次，如果还不成，我们就变成小狗和它做伴！""好！"也许不想自己变成小狗，我们都拼了命地干，终于垒成了。我们欢呼着，跳跃着，心里充满了一种说不出的兴奋……如今，为小狗垒窝的年岁已远我而去了，依稀记得的便是那藏在心中的兴奋，时时品起，却总有着不尽地兴奋。从那时起，我就知道了什么叫成功，也知道了那说不出的兴奋，便是成功的喜悦。

　　成功的喜悦——一颗令人回味无穷的果仁！

　　又是一个深夜，弟弟正为他的泥娃娃做最后的修整。"同学们的礼物一定都比我的好，老师不喜欢这泥娃娃怎么办，怎么办呢？"他边做边嘟囔着。教师节这天早晨，他提心吊胆地上学去了。放学了，他却带回了满身的兴奋。洋溢着欢喜的脸庞，闪动着笑意的眼睛泄露了所有的秘密：老师喜欢它——喜欢这只又粗又丑的泥娃娃，喜欢这只多少个不眠夜弟弟亲手做成的泥娃娃，喜欢这只浸透了学生对老师的深厚感情的泥娃娃，这又是什么能代替的呢？这对于一个孩子，怎么能说他没有成功呢？

　　成功的喜悦——一双会说话的眼睛！

　　无数的辛勤和汗水浇筑成这两个字——成功。不带任何的偏爱，成功属于每一个勤劳的人；不带任何的侥幸，成功是辛勤耕耘的果实。牛顿曾说过：成功是 99 分的汗水与 1 分灵感的结晶。不经过艰苦的跋涉，不经过锲而不舍的进取，成功怎么会轻易到来呢？正因为如此，成功的喜悦便似昙花一现的美丽，悄悄随成功降临，又悄悄随成功离去，留给人们无限的怀念，无限的眷恋！

时间是经，空间是纬，在这经纬织成的网络里，成功怎么会不和失败相遇呢？失败的懊恼会因感染上成功的喜悦而美丽动人，成功的喜悦也因带有失败的懊恼而令人刻骨铭心。

■ 赏 析

这是一篇隽永、睿智的说理散文。说其散，你看，作者为我们一口气连续地娓娓道出三个似乎不相干的故事：由儿时为狗垒窝，到少年赛场竞技，再到小弟用泥做礼物，人物变换，时间递嬗，自成一体。散而不乱是此文的精妙之处，三件事三位一体，虽然形散而神不散——成功后是如何喜悦。这喜悦是如何获得的，三个故事，一个底蕴：成功是辛勤耕耘的果实，是一首永远读不完的小诗！然而成功的喜悦却似昙花一现的美丽，悄悄降临，又悄悄离去。行文至此，读者顿生恍然大悟之感：煞费苦心，原来如此。全文的立意十分明显。

三个故事仿佛海滩上的珠贝，一颗令人回味无穷的果仁，一只装满酸甜苦辣的坛子，一双会说话的眼睛。用"成功的喜悦"穿在一起，便成了一串独具风格的"钻石项链"。可谓是"散珠贝，一线穿"。立意集中、突出，使文章受益不少。

■ 独立日

>> 方 雷

有时候清静是孤独寂寞，而自由，当你不知道你的方向时，自由就是迷惘。

躺在床上，睡到七荤八素，猛然间被自己一直没关的音响惊醒。迷迷糊糊睁开眼睛，昏昏沉沉地想：现在是什么时候？白天？晚上？音乐开了整整一晚？透过上眼睑与下眼睑之间暂时还很小的缝，看到周围不熟悉的家具、不熟悉的书架、不熟悉的摆设，突然又想：我现在在哪里？

"我现在在哪里？"

我拿着听筒扬起脸，飞快地环视电话亭的四周。我现在在哪里？我不知道这里是哪里，全然摸不着头脑。这里究竟是哪里？目力所及，无不是不知走去那里的无数男男女女。

村上春树之《挪威的森林》的最后一段突然出现在我的脑海。"难道我也在哪里也不是的地方，连连呼唤，不过不是呼唤绿子，而是呼唤自己的记忆"，赖在床上，我半梦半醒懵懵懂懂迷迷糊糊地继续胡思乱想。

我现在在哪里？

默默地，过了好几分钟，我终于想起来了，我就是在家里，是的，是离开了父母，我一个人的家。所以我尽可以把白天睡得昏天黑地，把夜晚作为看书写作业的黄金时间，搞得灯火通明。

我爬起床，拖着拖鞋，开窗通风叠被子，看到散落一床昨晚看过的和打算看却没有看过的书刊，足足有十来本，或卷在被子里，或躺在被面上，奇形怪状不一而足，的确乱得够可以。

肚子饿了，该吃早饭了，方便面加火腿肠，够简单吧？等等，怎么没热水了？哦，我是在我家里，没有现成的热水，要自己先把冷水烧成热水，才能吃上方便面。等，还要等上二十分钟？算了吧，我花一分钟，就从楼下买了早点上来了。

打着饱嗝，回到卧室，晒着太阳，边把 BONJOVI 开得震天响，边拿起昨天没看完的书接着看。这样的日子倒是过得乐哉悠哉，差点让人忘了高考近在眼前。不过，过于悠闲的日子总不是太对劲，放下"没用的闲书"，又拿起了"有用的"参考书。想想好笑，搬家时，妈妈看到那么多的书，不禁说："买了那么多的书都是没有用的书！"我随口说："这些'有用'的书过了七个月全都没有用了，这些'没有用'的书一辈子都有用！"话一出口，自己都佩服自己，怎么在瞬间变得如此连珠妙语，许是太爱书的缘故吧，我想。

看书看得累了，头昏眼花，干脆把书扔在一边。边听音乐边发呆，其实一个人的生活说有劲确实蛮有劲的，说无聊有时候确实也很无聊。曾经认为，一个人的生活很好，很自由。现在我终于明白了，世界上没有什么是绝对的好，没有什么是绝对的不好。一切都在好与不好之间。在某一方面的好，常常是以牺牲另一方面的好为代价而获得的。正如我现在的生活，我有我的清静，有我的自由。可这清静与自由是失去了很多的方便获得的。更何况，有时候清静是孤独寂寞，而自由，当你不知道你的方向时，自由就是迷惘。

我从小就向往独立，可是直到现在，依然没有独立。所谓独立，据我现在观察，最重要的，也可说独立之本是经济的独立。我现在只是一个消费者，所有的东西，是父母的，房子里的一切，大到电脑小至方便面，都是用父母的钱买的。就连我自己买的书，也要靠父母给的零花钱。离开了父母，我钱包里的钱就是无源之水，无本之木。我现在，只是一个人住，所谓独立，只完成了一小步。

■ 赏 析

独立，是每一位中学生所热切企盼的，但当独立真正来到的时候，却又有点惘然和不知所措。这就是本文所提出的一个问题，并由此而深入思考，感悟到了人生的真谛：当你不知道方向时，自由就是迷惘。这也许是走向明天的必由之路，因此，"我仍然等待着独立日的到来"。文章从生活场景入手，由表及里，由浅入深，逐步抽绎出人生的哲理，水到渠成。语言的简洁、隽永，正好与文章的丰富意蕴相融汇，达到了言简意赅、耐人寻味的效果。

■ 乐，就在我们的生活中

>> 许 磊

"生活是多么广阔。生活是海洋，凡有生活的地方，就有快乐和宝藏……"

别用你忧郁的目光呆望着书桌了，小薇。我们不是都那么喜爱何其芳的诗吗？他不是曾经告诉你我"去在平凡的事物中睁大你的眼睛"吗？那么，来吧，小薇！睁大你明亮的眼睛吧，生活中到处充满了快乐，难道你不曾看到，不曾感受到吗？

为了艺术大奖赛，同学们牺牲了课余时间排练舞蹈，我们不也去了吗？那是多么快乐的时光啊！我们的舞姿是那么笨拙，大家跳着，笑着。班长那过于认真的神态和动作时常让我们笑弯了腰。那一次，正当大家跳得起劲的时候，文艺委员一不小心滑了个大跟头，坐在了地上，大家笑得都跳不动了，连音乐都被笑声淹没了。那时你不也笑得前仰后合，不也被快乐感染了吗？那次我们取得了第二名的好成绩。那时的快乐才是真的快乐。内心之喜全从扬起的眉毛、微翘的嘴角流露出来。是啊！我们的时间没有白花，我们的汗水没有白流，这种欣慰与满足难道不曾带给你快乐吗？

学习？你又提学习了，小薇，学习真的那么枯燥，那么苦吗？考好了，朋友一拍你的肩膀："走，我请你。"一瓶甜甜的汽水一直甜到心底。此时你心中除了对自己苦读的回报感到喜悦和欣慰，一定还有对朋友的真情的感激。考坏了，当你情绪低落时，老师亲切鼓励的话语会在你心中重新升起希望和信心之帆。想想这些吧，小薇，其实学习的乐趣又何止这些呢？

放学了，你的车胎却没气了，正当你皱着眉头推车走向打气站时，忽然看见几个男生在远处做着鬼脸，吃吃地笑着。原来是这些淘气鬼。这时你还生气吗？你一定是笑了，尽管不知是笑自己还是笑他们。这种愉快又是另一番情趣了。

至于打球、聊天、郊游、节日就更不用说了，快乐就洋溢在我们身边，难道你不曾看到，不曾感受到吗？

让我们拉起手吧，小薇，生活中这么多的欢乐等待我们去分享。让我们再背一遍何其芳的诗吧，"生活是多么广阔，生活是海洋，凡有生活的地方，就有快乐和宝藏……"

■ 赏 析

看呵，我们的生活多么快乐！想想那场"艺术大赛"，想想我们的学习和日常琐事，无处不荡漾着快乐的音符，无处不洋溢着快乐的漩涡……

不要让学校生活在枯燥和乏味中渡过，更不要整日眉头紧锁，生活中这么多的快乐等待我们去分享，快快睁大你的眼睛吧，投身于生活的海洋，却攫取快乐和宝藏……

■ 十五岁，我在想……

>> 河 吉

为何人长得越大，学的知识越多，而越是缺少自己从前那种可爱的东西呢？难道这是不能并容的事物吗？

曾经有人问我，世上何物为纯。我茫然地环顾四周，实在找寻不到，于是两手一摊，无奈地摇了摇头。转眼，几年时间过去了，生活经验告诉了十五岁的我：纯，非童心莫属也。带着一种对天真儿童的羡慕之情，我的思绪不禁又悠悠地飞回到了我的充满"真、善、美"的——

过去

心无城府的我陶醉在充满喧嚣的快乐的气氛中，我从不担心，也不必担心背后射来的带刺的闲言和目光；我可以无忧无虑地在公园的草地上打滚翻跟斗，惹得一头一身的草叶花瓣；可以无牵无挂地在伙伴面前指责他的过失，把心里想的无不淋漓尽致地表现于外。在那时，我的眼里一切都像是被净化过的美好、可爱。我从不掩饰自己的不足，也从不考虑我的所作所为产生的后果。我快乐得像一只拥有广阔天空的飞鸟。大人们都说那时的我，纯得像早晨叶片上的露珠。但是——

现在

我总担着一颗矛盾和惶恐的心。每个行动、每句言词我都不免掺进虚假。我简直有些"颠倒黑白"、"搬弄是非"。真的，以往那些坦率真诚的话语少了，取而代之的是一大通勉强、婉转的对他人的赞言。但是人家却偏偏爱听，我也明知不该，然而也无其他选择，惟恐遭人冷落，因为我毕竟与他们生活在一起，偶尔也接受他人给予的"赞赏"。我不再是一个纯得像露珠一样的女孩了，外界的影响和自身的转变将我"改革"成一个略带迟钝的人。幼时的那种天真纯朴的东西不知啥时已荡然无存。

我感到矛盾，感到困惑，为何人长得越大，学的知识越多，而越是缺少自己从前那种可爱的东西呢？难道这是不能并容的事物吗？但是回忆不能代替现实，更不能代替——

将来

如果让"虚"的事物继续延续的话，可能会使我的生活失去光彩，会有更多的空虚和孤独陪伴我，甚至可能成为一个连我自己也认不出的"我"。同样，你、他也定会遭受与我相同的命运。如此下去，我们的前程、我们的蓝图，不就都要被蒙上"伪装"了吗？想到这里，我的心倏然震颤了。

我常常仰望湛蓝的天穹，尽力地寻找充实，有时真想对着天空大喊一声：把"虚伪"开除球籍吧！

我不会永远停留在 15 岁，将来也会变为现实。曾有位名人说过，世界永远是真实的。我期待着一个我所理想的未来。

■ 赏 析

站在十五岁的生命线上，怀着一种对天真儿童的羡慕之情，想着充满真、善、美的过去；怀着一颗矛盾和惶恐的心，想着充满虚假和迟钝的现在；仰望天空，尽力寻找充实的将来。

朋友，何苦要在人生的十字街头彷徨、徘徊，只要保持那一片童心，只要拥有对生活对未来博大的爱，你就会撕开那层虚伪，寻找到充实和完美。

快快投身到生活之中吧，你看，前方：天蓝蓝，海蓝蓝……

寒窗情思

■ 美丽的歧视

>> 胡子宏

很多时候，别人的歧视能使我们激发出心底最坚强的力量。

高考落榜，对于一个正值青春花季的年轻人，无疑是一个打击。3年前，我的同学大伟就正处于这种境地。而我则考上了京城的一所大学。

当我进入大学三年级时，有一日大伟忽然在校园里寻到了我，原来，他也是北京某名牌大学的一员了。

"祝贺你——"我说。

"是该祝贺。你知道吗？两年前我一直认为自己完了，没什么出息了，可父母对我抱有很大希望，我被迫去复读——你知道'被迫'是一种什么滋味吗？在复读班，我的成绩是倒数第五……"

"可你现在……"我迷惑了。

"你接着听我说。有一次那个教英语的张老师让我在课堂上背单词。那会儿我正读一本武侠小说。张老师很生气，说：大伟，你真是没出息，你不仅糟蹋爹娘的钱还耗费自己的青春。如果你能考上大学，全世界就没有文盲了。我当时仿佛要炸开了，我噌地跳离座位，跨到讲台上指着老师说：你不要瞧不起人，我此生必定要上大学。说着我把那本武侠小说撕得粉碎。你知道，第一次高考我分数差了100多分，可第二年我差17分，今年高考，我竟超了80多分……，我真想找到张老师，告诉他：我不是孬种……"

3年后，我回到我高中的母校，班主任告诉我：教英语的张老师得了骨癌。我去看他，他兴致很高，其间，我忍不住提起了大伟的事……

张老师突然老泪横流。过了一会儿，他让老伴取来了一帧旧照片，照片上，一位书生正在巴黎的埃菲尔铁塔下微笑。

张老师说："18年前，他是我教的那个班里最聪明也是最不用功的学生。有一次，我在课堂上讲：'像你这样的学生，如果考上大学，我头朝地向下转三圈……'"

"后来呢?"我问。

"后来同大伟一样,"张老师言语哽咽着说,"对有的学生,一般的鼓励是没有用的,关键是要用锋利的刀子去做他们心灵的手术——你相信吗? 很多时候。别人的歧视能使我们激发出心底最坚强的力量。"

两个月后,张老师离开了人世。

又过了4年,我出差至京,意外地在大街上遇到大伟,读博士的他正携了女友悠闲地购物。我给大伟讲了张老师的那席话……

在熙熙攘攘的人群中,大伟突然泪流满面。

在那以后的时光里,我一直回味着大伟所遭遇的满含爱意却又非常残酷的歧视。我感到,那"歧视"蕴含着一种催人奋进的力量。对大伟和那位埃菲尔铁塔下留影的学生而言,在他们的人生征途中,张老师的"歧视"肯定是最宝贵最美丽的。

■ 赏 析

这是一个新颖、怪诞的命题。作者竟把那种不堪入耳入目的"歧视"看成了瑰宝,可笑!

但细细研读此文后,你就不难发现:原来这"歧视"里面蕴含着一股多么大的推动力,它"激发出心底最坚强的力量,"它鞭策着你,残酷地"压迫"着你,一步步地迈入辉煌!

想一想,你需要这"美丽的歧视"吗?

■ 雨夜放歌

>> 木 风

唱歌，可以是摇滚，可以是民谣，就像在这样静静的夜色中，为了离别而洒泪放歌。

刚到高中时，恰好与一班毕业生同住一个楼面。当那年夏天临近的时候，他们面临着毕业与离别。看着他们一个个收拾行装，离去，留下的人越来越少，沉闷的气氛令我们也感到压抑。剩下最后一个人的日子，只有在吃饭的时候才看见他提着饭盒在空荡荡的走廊里慢慢走过，低着头，脸上毫无表情。我不知道，他是怎么度过那最后几天的，想到我们以后也要经历这份寂寞与伤感，我甚至有些担心。

后来又看到了这样的场景：

毕业前的一个晚上，一阵喧闹把我们从睡梦中惊醒。睁开双眼向窗外望去，依稀见到一群人在楼前走过，嘴里喊着什么。那天下着小雨，"惊魂未定"但又好奇心甚强的我们打起伞跟在他们身后。

东区女生宿舍很多窗户打开了，她们点起了蜡烛亮起了手电。烛光与灯光在细雨微风中随着歌声摇曳。

很难说清是怎样一种感受，但那场景至今难以忘怀。

当时就在想，高中毕业的时候也要去唱歌。可以是摇滚，可以是民谣，就像在这样静静的夜色中，为了离别而洒泪放歌。

这一天已经越来越临近了。

■ 赏 析

是孤寂？是依恋？还是渲泄和爆发？

怎样理解都可以，甚至还可以把这几种情感揉合在一起，聆听这"雨夜"歌声，你的心会不会有一定空阔，有一点坚强呢？

　　时间的飞逝不会撞碎情感的快车，相反，它使爱更浓情更真。雨夜高歌，不正是这细细绵绵的爱意的浓缩和延伸吗？

　　朋友，快把情感的闸门打开，投入这雨中，这歌中，唱它个痛快淋漓，唱它个地久天长！

■ 与旭日同行

>> 巍 巍

你不在意这条崎岖的山路多么漫长，你只知道它是通往旭日升起的地方，并且最终的你将化作这条小路上的一颗石子。

也许你已经默默地跋涉很久了，就在河边那条布满鹅卵石的小路上。心头堆积着理不清的诸多感触，却从不肯轻易说出，就那么任凭岁月的风沙将它们一层层覆盖，也不惜光阴的流水把它们一点点冲走。你不在意这条崎岖的山路多么漫长，你只知道它是通往旭日升起的地方，并且最终的你将化作这条小路上的一颗石子。

河水在你耳畔哗哗地喧闹着，你额角的汗珠一滴滴滚落下来，洒过了春夏，洒过了秋冬。蓦然回首时，在无限的坦然和欣慰里也存着一份辛酸和疲惫，可是，当你抬起头来，面对那红彤彤金灿灿的、正在冉冉升起的旭日时，无论多少烦恼、惆怅和失落都会在顷刻间为那旭日的光辉而烟消云散。连你自己都深感诧异——你的双手正在将旭日高高托起。

生活像溪水涓涓流淌，你也曾有过美丽的童年时光。偶尔，孩子们的一句笑语、一阵歌声、一段故事，或者一个天真的问号，都会唤起你很久以前的一种感觉、一个心愿或一次深深的向往。就像眼前掠过的红蜻蜓那透明的翼翅，轻轻掀开了你心灵深处尘封的画册，又像清晨那单纯的一声鸽哨，悄悄按响了你记忆王国的门铃。于是你总能找到通往孩子心田的捷径，播种真、善、美的火种，仿佛你的心与孩子们的心有灵犀相通。你无暇品味劳累的味，更无心考虑得失几多，你只知日复一日年复一年地用你的全部爱心和满腔热忱，为一批又一批雏鹰插上理想的翅膀，送他们到万里长空翱翔。

汗水滴滴，脚步匆匆，你依然坚定地走在那条布满鹅卵石上的小路上。你的心情是明朗欢快的，因为有那么多清泉般澄澈的眼睛，一直在流火的岁月里闪烁着真诚；有那么多充满稚气的面孔，总在无眠的静夜里亮成七色的灯。无论你怎样为生活奔波忙碌，也无论你怎样风尘仆仆，你都无法不在生命流逝的某一瞬间，在拥有阳光一样温暖和安宁的美丽时刻，让你的心灵为冉冉升起的耀眼光辉而深深感动，让你的血脉随着那展翅的雏鹰跳个不停，因为你宁愿化作一颗石子，用整个生命与旭日同行。

■ 赏 析

这是生命之旅的又一曲赞歌！

踏过"崎岖的山路"，"哗哗喧闹"的河水，你让自己的一生在这块贫瘠的土地上流浪，不为别的，只想让"一批又一批的雏鹰插上理想的翅膀，送他们到万里长空翱翔。"

你是爱的奉献者，你甘愿"化作一颗石子，用整个生命与旭日同行"。

送走夕阳，送走自己的青春，但你留下来的是一股热情，一股如旭日一样闪着"耀眼光辉"的热情！

■ "根"赞

>> 史 翡

我赞美根，赞美它默默无闻的奉献精神。我更赞美根不争名利、甘作无名英雄的精神。当人们赞美鲜花、赞美果实的时候，它并不计较，并不反悔。仍是专注地向地下探求。

古木参天枝繁叶茂，靠的是根。根伸到地的深层，吸收水分，吸收养料，供树木生长发育。

华山之巅的不老松，黄山险峰上的迎客松，泰山峭壁上的望人松，无一不是把根扎在磐石的缝隙里，才使它们顶寒风，傲霜雪，令人敬佩，令人神往！

鲜艳的花朵，丰硕的果实，都离不开根。但是，人们常常赞美盛开的鲜花，讴歌丰硕的果实，而很少赞美根的贡献、根的精神。

我赞美根，赞美它默默无闻的奉献精神。它把自己深深地埋在地下，不见天日，不见阳光，不被人们重视。我赞美根的执着追求精神。愈是干旱，它就愈是向地的深层探求水分、养料，供树木生长，鲜花开放，植物结实。我更赞美根不争名利、甘作无名英雄的精神。当人们赞美鲜花、赞美果实的时候，它并不计较，并不反悔，仍是专注地向地下探求。

我们伟大的祖国有许许多多像根一样的无名英雄。最值得人们称颂的是辛勤的园丁。我们是幼苗，我们是花朵，是老师的雨露甘霖滋育着我们成长。黎明，当人们还在甜蜜的梦乡中，我们的老师便开始一天的工作；深夜，人们早已酣然入睡，我们的老师还在灯光下批改作业。我们的每一点进步，都倾注着老师的心血。我们是干、是枝、是鲜花、是果实，但我们都离不开园丁的"根"。

■ 赏 析

　　根是一种象征，根是一种精神。

　　根是坚固的路基，根是成灰的蜡炬。树木的生存离不开根，人类的延续也离不开"根"。

　　根，它"不争名利，默默无闻"。它为了"花朵的娇艳，果实的丰硕"，而低下了高贵的脊梁。

　　生活中，传播文明的师长，辛勤耕耘的农民，都是伟大的"根"。我们的生存，依赖于他们的奉献。

　　但愿我们身边多一些"根"的精神，"根"的灵魂。

■ 绿叶赞

>> 小 倩

春天，当你走进一片花海之中时，你会想到鲜花怒放，靠的是一片片平凡无奇的绿叶吗？金秋，绿叶在秋风的吹拂下纷纷枯黄、脱落，她勇敢地拥抱芳香的泥土，甘愿化作土中的养料，为大树所吸收，使它长得更茁壮……

有人称赞牡丹华贵艳丽，有人倾慕百合幽香高雅，更有人喜爱莲花玉洁冰清。

历代多少文人墨客把花视如珍宝，以花为题，写下了多少名传千古的优秀篇章。然而衬托这些秀丽妩媚、鲜艳夺目的花儿的，正是那些不为世人所注意的绿叶。

春天，当你走进一片花海之中时，你会想到鲜花怒放，靠的是一片片平凡无奇的绿叶吗？正是这些绿叶，经无数次的劳动——光合作用，制造了大量的养料供花朵成长，使花儿一朵比一朵娇艳。而绿叶自己呢？她从不摆出骄傲的样子，尽自己所能做的一切，努力使鲜花开放，同时又以她的翠绿衬托着鲜花。

盛夏，绿叶们手挽手地撑起一把绿伞，为人们送来凉爽。

金秋，绿叶在秋风的吹拂下纷纷枯黄、脱落，她并不为自己短暂的一生而悲伤，也不为自己没有得到人们的赞赏而难过。她勇敢地拥抱芳香的泥土，甘愿化作土中的养料，为大树所吸收，使它长得更茁壮……

我常想：鲜花好看，要是没有绿叶的衬托，也显示不出她的美丽。自然界与人类都是这样。一个人，即使你是出人头地的佼佼者，也只有置身于千万个平凡劳动者之中，才能有所作为。

一片渺小的绿叶，反映出它多么伟大的品质。在现实生活中，不知有多少像绿叶一样的人，默默无闻地做出自己的贡献。

我们敬爱的老师，他们在自己的岗位上，教导我们学习文化知识，不知倾注了多少爱心，希望我们长大成材；他们像春蚕一样，无私地为人类贡献着一切，用辛勤的汗水抚育我们成长。他们所做的这一切，难道不像那些不为世人所注意的绿叶吗？

我要做一片平凡的绿叶。

■ 赏 析

本文表面上是写绿叶，实际上是托物言志，借景抒情，通过对绿叶的描写，抒发对教师的赞美之情。文章紧紧抓住绿叶的特征，描写出春天如何制造养料供花朵成长，如何以翠绿衬托鲜花；夏天又撑起绿伞，为人们送来阴凉；秋天即使枯黄脱落，还拥抱泥土，化作养料，滋润大地，促大树成长……这是多么可贵的精神与品格！这是"咏物"，文笔间已饱含深情。然而作者真实的写作意旨并不单是"咏物"，更主要的还是在写人——赞美具有绿叶精神的教师，因为教师育人的无私奉献和崇高品格正与绿叶的精神品格相通。作者正是通过这些描写来抒写对教师的热爱与赞美之情。

■同　学

>> 周鸿飞

同学是缘分，同学是青春，同学是亲情，同学是历史，同学是一种永远忘不掉、剪不断、说不完的联系，人生能有一批重情义、有品位的同学，不但是一种幸运，而且是取之不尽、用之不竭的宝藏。

在各种社会关系中，同学这种关系也许是很富于温馨感和亲切感的。想一想，"恰同学少年，风华正茂，书生意气，挥斥方遒"之时，大家就读一堂，是多么难得的际遇，又留下多少美好的记忆！

记得我小学六年级时，有些小伙伴闹不团结，班主任高老师批评他们："你们同学一场，不懂得珍惜。再过多少年，你们想聚到一起，也困难了！"当时真是少年不知愁滋味，任凭老师苦口婆心，有的同学还是不解其意。可是，若干年过去了，当同学们再聚首时，不约而同地回味起当年老师的话，这也是实践出真知了。

如果要问，同学关系为什么这样珍贵？也许，有多种内涵：同学是缘分，同学是青春，同学是亲情，同学是历史，同学是一种永远忘不掉、剪不断、说不完的联系，人生能有一批重情义、有品位的同学，不但是一种幸运，而且是取之不尽、用之不竭的宝藏。

一位大学同学，过了不惑之后，仍在攻读博士学位，远道来到京城，我禁不住要约他一聚，他那充满爱国情结的论文，给我多么巨大的触动。

一位中学同学，下乡历尽艰辛，又逢企业下岗，被聘新职位到北京，我忘不了请他来家，他的充满沧桑之感的话题，让我许久不能平静。

一位小学同学，供职工厂，负荷沉重，假日来京散心，我们同桌共酌，情钟苍生，漫话底层，使我加深对国情和社会的理解。

　　真是说不完的同学事，写不尽的同窗情。每个同学都是一本大书，都有一段沧桑。我多么想拿出专门的时间。遍访我的同学，抒写我的同学，让世人了解我的同学，尤其让年轻的一代知道这个世界确有那么一批以利他的价值观生存着的人们！

　　这些年，尽管人生不相见，但不论经历多少变故，我也不疏远我的同学。因为，同学之间最富于理解，最容易沟通，最讲究平等，最少庸俗气。我喜欢同学之间的书生神交，我喜欢同学之间的开怀畅聊，我喜欢同学之间的慷慨相助，我喜欢同学之间的直呼其名。当社会上的某些人格被扭曲的时候，同学还是一块难得的净土。然而，如果这片净土出现些许不协调，也将使我感到惶惑和痛苦。

　　那一回，终于让我遇上了难堪的一幕：一位在学校里挺相知的同学，历尽坎坷，久别重逢，却清楚地称呼我的职务。顿时，我似乎惊呆了，仿佛像《故乡》里的"我"被成年闰土称呼为老爷那样让人刺心！我扪心自问，是我摆了臭架子，或是我对同学有什么怠慢？细想下来，我还无愧。那么，是什么因素致使同学之间难脱世俗的氛围呢？看来，还是树欲静而风不止，社会上的庸俗之气无处不入，连同学这个纯洁的领域也不能幸免！

　　由此，让我悟出同学之间还有一种使命，一种历尽沧桑、青春永驻、锲而不舍、百折不挠的使命。净化社会风气，同学也不是死角。还是从同学开始，莫泯当年的理想，继续做韧性的努力，让真善美坚持下去，代代相传。

■ 赏析

　　这是一段友情，一段甜美而酸涩的回忆。

　　同学，你还记得昔日的耳语，昔日的争吵斗架吗？你还记得那个梳着两条羊角辫的小女孩吗？

　　同学，让我们重温那段英姿勃发的青春，重温那段欢笑，那段泪水……可那个时候，为什么我们都不知道珍惜？

　　同学啊，现在，每当我们聚在一起，遥想当年的往事，为什么总要滔滔不绝、如数家珍？

　　同学，你现在还好吗？你如今正飘泊在哪里？

■盼

>> 黄 君

　　人活着，心中要充满感激之情。感激父母，就会为父母献上自己的孝心；感激社会，就会为社会献上自己的爱心；感激祖国，就会为祖国献上自己的忠心；感激自己，就会为自己留下前进的信心。

　　怀着感激之情，"我"不管怎样的艰难，都没有屈服；怀着感激之情，又有什么能够使年轻的我们向生活低头呢？亲爱的中学生朋友们，我们纯真的心中，何不尽快地装满感激呢？

　　"家/很遥远/但我每天晚上/都看见/母亲烧好了饭/倚在门口/盼"。当语文老师拿着我的作文本，在黑板上抄下这首《盼》的时候，我的眼泪再也忍不住了。

　　离开家乡转眼已经一年了，我的思念却无时无刻不在。

　　中秋节之后几天正好是国庆，四天的假期，我是一定要回家的，而且我已和爸爸妈妈说好把月饼留着，等我回来。一切都是老样子，没怎么变。我说学校好，生活也好，又说要订报纸，老师规定要订《中学生阅读》，我还想订《杂文报》但钱不够了。妈妈抬头看看爸爸，爸爸低着头说："订吧，有钱的。"

　　第二天，我建议全家人出去看风景，妈妈背过身去："你爸一大早就走了。""我去找他。"妈妈想拦我，我已跑得很远。爸爸是大学毕业生，厂里的技术骨干，一定又到厂里去了。我走到厂门前，厂门锁着。该有人值班吧？我拼命敲门，里面却没有人应。

　　这时，一个过路人问我："你还敲什么门？"

　　"我找我爸爸，他在这个厂里工作。"

　　"笑话！这个厂关了有一个半月了。"

　　我呆住了，想起妈妈犹豫的眼神，想起爸爸闷声的回答。订《杂文报》，我原不过是说说而已，我的爸爸在哪儿？我要找我爸爸！

　　我疯了似地跑回家，一推门，看到妈妈通红的眼睛："你爸帮人背木材去了。"

晚上，爸爸终于回来了，全身都笼了一层木屑。我有满肚子的话要跟他说，却站定了不能动弹，眼泪就流了下来。

爸爸拿出一袋月饼：处理的，便宜了。一边把两张湿湿的票子塞到我手里。那上面浸的是父亲的血汗啊。

"这钱我不要了。"我说。

爸爸抬起头，看到我的眼泪，明白了，于是抖抖身上的木屑说："这钱你拿着。家里经济是拮据一点，但不能误了你。我们就盼着你能把书念好，能回来，能把这里建设得更好。"说着，把住我的手来握那两张湿湿的票子。

屋子里沉默着，窗外响起了"滴滴答答"的雨声，月亮是看不成了，山城又总是这样：一下雨就停电。妈妈招呼我们吃月饼，一边去拿蜡烛。不知从哪儿吹来阵阵凉风，烛光便一闪一闪的。我看见爸爸头上的木屑和白发，还有他那粗糙的大手；我看见妈妈脸上的皱纹和眼角的泪痕，我连忙把月饼往嘴里塞：月饼很甜，甜得都有些苦。我听到自己哽咽的声音。

次日早晨，天晴了。我又看到了我那美丽家乡的风景：白白的云在蓝天上飘荡，远方青山连绵。还有水，闪光的绿色的水像丝带一样环绕小镇。我看到了美，那不仅是美，那还是沉重！

我不再认为我的同学少见多怪了。是的，我的家乡是很不起眼，但是，它的明天，必将令人刮目相看。因为我不仅这样期盼着，也是这样努力着。独处异乡，发愤读书，再多的苦，再多的累，我都受得起，因为我是这样地爱着我的家乡，爱着我家乡的亲人；他们，也同样深深地爱着我，盼着我回去！

■ 赏 析

《盼》的作者以朴实无华的文字向我们展示了家庭的关爱与真情，其情感之真挚恰恰是许多学生体味不到的。

"我"对"盼"的理解是逐渐深入的。起初不过是一丝思乡之念，和许多异地读书的同学一样，作者并未真正了解父母的艰辛，自然也不会真正理解父母那"沉重"的关爱与厚望。随着事情的突变，"我"不能不在"沉默"中静静地反思。"把书念好"、"回来"、"把这里建设好"。父母对自己的"盼"跃然纸上。"我"不再认为别人"少见多怪","我"感受到振兴家乡这一使命的艰巨和迫切,《盼》的主题由此得到了升华。

如此感人肺腑的文章,能不让人佩服吗?

■ 别矣，母校

>> 张爵文

人是多么古怪的动物，他希望自己喜爱的东西永存，一旦它瞬息消逝了，就会倍觉依恋。

"春风虽欲重回首，落花不再上枝头。"

没有人不怀念过去，也没有人不憧憬将来，但山川沟河，终有完尽，又何况人之岁月？"人生七十古来稀"，人世只不过是匆匆的数十寒暑。诚然，五年并不是一段短暂的时间，但在我似乎只会历时片刻，也就只像一声长叹，消逝得无影无踪；生命转眼成空，我们将会飞也似的逝去。不是吗？时光荏苒，岁月不留，人会终老，光荣的日子也会溜去，余下的只有不死的回忆。假如不及时留下一点雪泥鸿爪，小半人生也就无痕迹的静静溜去。

人是多么古怪的动物，他希望自己喜爱的东西永存，一旦它瞬息消逝了，就会倍觉依恋。同样地，母校的一切，在一息间变得那么亲切，那么可爱，礼堂中的一灯一火，教室中的一椅一桌，园中的一草一木，都使人留恋，使人不舍。几年来，大家欢聚一起，同堂共观，研讨切磋，劝善规过，一朝分手，各奔前途，不免有点黯然神伤，令人感到空虚和孤寂。但有什么办法呢？一纸文凭，就逼我跨过社会的门槛，好像一个从未离开母亲的孩子，一旦要出门远行，他的心情是多么的惆怅。谁都知道，离别所给予人的感情折磨是难堪的，正如李后主云："是离愁，别是一番滋味在心头。"

提到别离，任谁铁石心肠，都免不了感到难过，眼眶总会有点儿湿润。不过，"乐莫乐兮长相知，悲莫悲兮生别离"，天下无不散之筵席，人生的聚散也不能预料的，人的一生绝不会静如止水，因为一湖碧水，有时也会泛起轻微的涟漪；人生就免不了碰壁失意。

多少人为前途而秉烛夜读，以求考试合格，祈望将来能在社会上名利双收，但又有谁能防止希望之尽成泡影呢？他们又可知道人生的道路上本来就满布荆棘丛林，而辉煌的生命就是靠不断的失望与失败而增添色彩？不论失败也好，别离也好，都不是愁郁所能驱散，因此我们应互相鼓励和祝福。因为悲伤只能增加惆怅，而祝福却为将来带来希望。祈望于生命的旅途中一路平安，在茫茫的人海中乘风破浪。

"归去，归去，夜深闻杜宇，归去游子别离绪……"母校，我不能回到您的怀抱，平庸的文章更写不出离情之意，祝福之辞，只能在这空白的纸上抒发我的热忱，寄上一份深厚的感情。因为我在我生命的史册上留下最值得缅怀的一页。

别了，在校的同学们，你们比我们幸福，还有机会留在母校。还未尝到我们遭遇到的离愁。愿你们能把握机会，爱惜光阴，努力学习，修养自己。那么，毕业后便不会留下一页后悔的历史。听我一句话——珍惜时光，享受你的学校生活。

■ 赏 析

作者将对母校的眷恋和离别的悲伤，化作文字，写得缠绵哀怨，依依情深。开头的引用和议论，叹光阴荏苒，如逝水一去不返，为全文在意义上和感情上定下基调，于是下文便尽情抒写对母校的留恋和伤别情怀，运用议论、叙事、抒情相结合的笔调，如江水下滩，奔腾而至，汹涌澎湃，不可遏止。其中几处引用古诗词，都很恰当，增添抒情色彩，加强文意深度。末尾对留校同学的祝愿，流露出一步一回头、"五里一徘徊"的韵味，更耐人咀嚼。

■ 老 树

>> 顾 颖

月光如水，树影里，老树静静地立着，是在追忆往昔的绿荫吗？不，它在沉思，在直对着静谧的秋夜——一个凋零的季节的夜晚——沉思着。

A

窗外，傲立着一棵老树。

墨一般扭曲的枝干上，七零八落地竖起几根枝丫，仿佛一只干枯的手，乌蒙蒙地被罩在散淡的月光下，将影子拉得好长好长。于是，大地上出现了一片暗暗的斑迹，遮住邻树的身形，凝固在一起了。

月朦胧……

"我们那时候……"像从破裂的风箱里撒扯出的声音，涩涩地从远方飘来，是外婆在说话吗？

小时候，外婆的话就是命令。"小姑娘家，不准到外面疯跑！我们那时候，哼！""哼"的后面是外婆严厉的眼睛，尽管我终不知"我们那时候"到底怎样，但也只得乖乖地坐下，乖乖地听外婆读书——那是几本她视若珍宝的破旧诗书。每每这时，她都正襟危坐，以宣读圣旨似的庄严，抑扬顿挫地念着，陶醉着，全不顾身边的小听众已昏昏睡去——那时的我，只以为是老和尚念经，全当作催眠曲来享受。

再大了些，依旧天天听着一堆使耳朵起茧的"不许"，外婆也依旧一遍又一遍地重复着"我们那时候"，好像那里面有无限炫耀的资本。

B

不知何时，幽幽的夜风悄悄刮起，那凝固的树影犹疑不定，终于缓缓地晃动开来。

月像要穿出云层了。

外婆又在念那些早已翻烂了的书，它们似乎比外婆还要年长。"古董！"我时常这么想。外婆哑着嗓子，腔调怪怪的，像在哼一首走调的古曲。"日照香炉生紧烟……""噗哧"，我实在忍不住，笑声搅乱了外婆的好兴致，她严厉地瞪着我。"您念的什么呀，明明是'生紫烟'，哪有'紧'烟？"我依旧笑。"小孩子家，你懂什么？"她不屑又不满。"紫，是紫嘛，我们学过的！""学过，哼，我过的桥比你走的路还多，小小年纪，就敢和大人顶嘴？""就是紫！"我很委屈，"您不懂干嘛装懂？""我不懂，不懂？我们那时候……"絮絮的，她越说越急，而且带着急促的喘息。看见闻声而来的妈妈苍白的脸。我自知不妙，只好"逃"走。

整整一晚，外婆谁也不理，只絮絮地说着，急急地喘着，只因为……唉，我真不明白！

此后一天，我竟见外婆在悄悄地翻一本字典，那字典本在妈妈屋里，而现在却被外婆恭恭敬敬捧在手里，专注的神情绝不亚于读诗书。她抬头猛见我，脸立刻红了，慌慌张张不知将字典藏在哪里好，最后终于说："谁把字典丢在这里了？"依旧严厉而威风凛凛，像正追查祸首。"噢，我忘了带回去。"我连忙说，眼中是一张普通的苍老的脸，而那严厉的目光里分明含着一丝慈爱，一丝稚气。我无声地笑了。

夜风里，老树微微低了头，这对于它，也许是一种痛苦，而谁又能说这不是希望的必然呢？

C

树影倾泻在地上，勾出一幅刚劲的剪影，因为影子之上，毕竟立着一棵昂扬的古树。

妈妈为外婆买来一台洗衣机，漂漂亮亮，可外婆一见便拉长了脸："怎么，嫌我老了，衣服也洗不动了！搬走！搬走！"她重重地挥着手，像个豪迈的将军。"外婆，这样洗衣服蛮方便的。"我真不知趣。"方便，你晓得什么？懒鬼才要方便！我们那时候一下要洗几大桶衣服呢！"

啊，又是"我们那时候！"那时候的一切，有的已被新人丢弃，有的则被新人遗忘，而有的，也许正是新人所应该具备的……

月光如水，树影里，老树静静地立着，是在追忆往昔的绿荫吗？不，它在沉思，在直对着静谧的秋夜——一个凋零的季节的夜晚——沉思着。

窗外，傲立着一棵老树……

■ 赏 析

　　树影倾泻在地上，那棵昂扬的古树始终耸立于我的记忆深处，从那细细密密的枝叶之中，你可曾看到外婆的身影？

　　看呵，树影里，老树静静地立着，"是在追忆往昔的绿荫吗？不，它在沉思"，在凋零的季节里，静静地沉思！

　　——这就是窗外傲立着的那棵老树，这就是外婆缓缓晃动的身影……

■ "另类"老师

>> 朱育丹

"真正的艺术品，不在于取悦别人，而在于取悦自己，取悦别人是俗，取悦自己是真。"

A

他是我的美术老师，认识他也不过是在几个星期前，那是上高中以来第一堂美术课。上课铃如催眠曲般地奏响了，我懒洋洋地从书包里抽出了美术书，无精打采地放在了桌上，不自主地伸了个懒腰——大半天了，难得碰上节副课，可以好好休息一下了。

门开了，进来个年轻人，由于没戴"二饼"，我的视网膜上只留下了个轮廓——

不高的个子，倒三角脸、平头、大耳朵，穿一件黑"T恤"……

"米老鼠"，我下意识地反应。急忙戴上"二饼"仔细端详起来：大眼睛、高鼻梁，不过面部表情有点儿刻板。他大摇大摆地走向讲台，手里只有一本美术书，大出我意料的是，他并没有停在讲台前，而是坐在了前排的一张空桌子上。一时间，所有人的目光都被他的举动吸引了，我的睡意也没了。

"今天我们来上美术……"他口若悬河地说了起来，讲得挺杂的，甚至是想到哪儿说到哪儿。一时间我似乎成了只无头苍蝇，竟抓不住他讲课的重点。也许是习惯了以往"教参倒爷"们的说教，今日出现了个"另类"，一时难以招架。的确，他所讲的似乎都是重点，又似乎都不是重点。

一堂课糊里糊涂地过来了，坦白说，我什么也没听进去，但还是条件反射般记下了当天的作业——"作业是书上第一页的两道题，答案在书上，抄一下就可以了。如果不想抄，可以随便写些对美术的杂感。"

也许是从没听过可以选择的作业，也许是从没见过这样的老师，我竟愣了半天，痴痴地望着他手中那本书——整整 45 分钟，他连翻都没翻过。

果真，与众不同。

B

我一向不屑干拷贝书的蠢事，于是选择了后者。信手写了一段杂感，不长，都是实话，谈到我对美术的一些疑惑，譬如艺术品总是很难理解，一时难以接受之类的。

写完了，交上去，过两天发下来，翻开作业本，我不禁吓了一跳，美术本上竟是一片"红"：密密麻麻全是他的评语，相形之下，我那几行杂感，已被挤成了一团。

我呆住了，默读一遍，这哪里是评语，这分明是一篇议论文：思维严谨，引论充分，势如排山倒海，一气呵成。文中用了许多例子，什么"曲高和寡"、"民族的才是世界的"，有点儿难懂。不过在文末一句"点睛"之笔令我顿时感到"溪头忽转"："真正的艺术品，不在于取悦别人，而在于取悦自己，取悦别人是俗，取悦自己是真。"

如果说两分钟前，我对美术，尤其是艺术品还是门外汉的话，那么此时，我已找到了这神圣殿堂的门槛。

我随手翻了一下同桌的作业本，竟然也是红红一片，再看看班上"同仁"们一个个瞪着眼，张大嘴，拿着作业，一副受宠若惊之态，显然他不是一时的"头脑发热"。

我似乎感到我们是出题的老师，而他却是个答题的学生。

果真，另类。

C

第二堂美术课的铃响了，他依旧大摇大摆走进来，依旧坐在前排空桌上，依旧口若悬河地说着。

不同的是，我没了困意，规规矩矩拿出书来，手中还多了枝笔。

猛然间在美术书上，我发现了一张雕塑照片——一个人屈腿而坐，一只手搭在膝上。

我下意识地抬头，只见他也是屈腿而坐，一只手搭在膝上……

惟一不同的是他的脸部表情在变化。

"艺术品"，我愕然！原来他就是一件艺术品，一件真正的艺术品。

不一样，就是不一样……

教室里滔滔不绝讲着的，不是倒爷，也不是侃爷，却是真正最不像老师的老师。

■ 赏 析

时下，大家都在渴求真正意义上的素质教育，而素质教育往往又被各式各样的作业、考试、升学压得喘不过气来，走了样儿，变了形，在许多渴求的目光之中化为一团团泡影……

看看这位"另类"老师的形象吧，那言谈举止，那内在气质和精神境界，真正有些与众不同，而恰是这种不同，才拉近了师生之间的距离，才使课堂生活显得如此的丰富生动。

一位具有渊博的艺术知识、深厚的文化素养、独特的教学方法，热爱学生又痴心艺术的老师，才是学生心目中"真正的艺术品"。

但愿所有的老师都能成为"另类"。

哦，父亲……

>> 赵秀莉

要想真正明白父亲心中沉甸甸的希望是什么，并不是件容易的事。

重点高中的录取通知书是被凉凉的山风吹来的。没有预料中的惊喜，阴影却很快笼罩了小小的庭院。

爹不再摇着蒲扇，自在地哼着那走调的黄梅戏，眉头皱成疙瘩，浓烈的旱烟将他呛得不住地咳嗽。娘手中的针总是不听使唤似的刺破手指。1500 元的学费，像一块沉重的石头压在全家人的心头。为了给哥娶媳妇，家中弄得一贫如洗，还落了一屁股债，而今……我的心中一阵酸楚。"爹，"我打破了沉默，"还是念普高吧，一样的。"爹没有回答，或者是根本没有听见，只那一闪一闪的旱烟，幽幽地泛着青光……

第二天一早爹便出门了。娘告诉我，爹借钱去了。我站在窗前，望眼欲穿，等着看到爹熟悉的身影。前几年因为借钱，亲戚都躲得远远的，这会儿……哐啷！门被撞开了，我的心头一震。一股刺人的酒气扑鼻而来，爹扑在门框上，手中握着酒瓶子。娘从里屋奔出来，扶住爹，哀怨地说："怎么？又去喝酒了?!" "滚开，老子的事，你甭……甭管。"爹粗暴地把娘推到一边，又咕咚咕咚灌了两口酒，"哈哈，一醉解千愁，干、干杯！哈哈……"父亲凄厉的笑声在屋子里回旋。我知道，爹肯定是空手而归，他已戒酒两年了。"我穷，是个穷光蛋，是个窝囊种。"啪！酒瓶子摔得粉碎，爹双手蒙着眼，如孩子般嘤嘤地哭起来，这是我第一次看见一向大男人主义的父亲流泪了。"爹，我不念了!"我不知哪来的勇气。"你再说一遍！"昏黄的油灯折射出父亲眼中的失望与愤怒。"我不念了!"我固执地重复着。啪！一记响亮的耳光打在我脸上，"你这个孬种，我跟你娘尝尽了不识字的苦头，省吃俭用供你念书，还不是盼望你将来有出息?!"爹指着我骂起来。我没有哭，我知道爹的心中比我还苦。"你给我听着，就是砸锅卖铁我也把你送进高中的门槛！"这句话是一个字一个字清晰地从爹的牙缝挤出来的，哦，我的父亲!

第二天清早，爹把圈里的两头猪赶走了。夕阳快要落山了，才看见爹那佝偻的身影，脚步有些踉跄。我心头一紧，难道爹又去喝酒了? 我迎上去，爹的脸怎么如此蜡黄? 额上冒着汗珠，可那双浑浊的眼睛却闪烁着笑意:"这下念书别愁了，两头猪钱够缴学费了。"爹用颤抖的手从内衣口袋里掏出一大叠被汗水浸渍了的钞票，一张纸随着飘落在地，我拾起来，展开刚瞥了眼，便被爹急忙抢了过去。然而，我已清清楚楚地看见了上面的字: 卖血收据，现款 300 元。"爹，你……"我哽住了。爹有些艰涩地笑笑:"别，别告诉你娘……"

我真正明白了: 我就是父亲心中沉甸甸的希望啊!

■ 赏 析

开头作者便给你设计了一个悬念: 为什么会因喜而忧呢? 一下子抓住了读者的心灵。细细品读下去，不觉随作者的情感而起伏波折。多么伟大的父爱啊! 深重、凝重、饱满希望。于贫困的环境之中，作者感悟了父爱的巨大动力，于父亲期冀的目光之中，作者将涉足远行，带着两行热泪，带着一腔激情……

■ 最后一个学期

>> 殷　俊

一条路在眼前延伸着，遥远的，她如同见到了未来的那阳光，在她的前方，照得她心头暖烘烘的。

过了这个新年，只有一个学期，她便毕业了。

她的心中装了许多美好的，喜悦的愿望，她盼着毕业，盼着走出这个校园。

阳光在庭院的水里闪着光芒，刺得人眼花缭乱。接过母亲递过来的一叠皱皱巴巴的钱币，她心里想着：最后一次交学费了！

母亲背转身离去的脚步显然有些蹒跚，母亲老了，可是她辛辛苦苦的一生为了谁？

临上车时，母亲从口袋里掏出一叠零钱，叮嘱着："坐车小心，好好照顾自己。"她却再也忍不住地泪水夺眶而出……

这个村庄，给予了她太多的爱与牵挂！

冬日里枯寂的村庄离她愈来愈远，可是她眼前却愈来愈鲜明地现出母亲那张饱含太多内涵的苍老的脸，以及父亲那双因农忙而失去了三个指头的如枯藤般的手，那双手，仍在不断地忙碌着……

冬天，还没有走出那个院落。

夜，在不知不觉中悄悄降临。黑暗无边，而她却无眠。

隔壁传来母亲均匀的呼吸声，父亲，打着响雷般鼾声。一只猫在她的被角甜蜜地入梦，它不能想象这么深的夜，还有一个人不曾入睡。

想什么呢？或许是在想着这个家庭的诸多变故吧，也许是在想着度过了这最后一个学期，她将会为这个家做些什么。

母亲忙碌了整整一天，临近二十点时，还起床喂了一次猪。就着灯光做鞋，一直到一点钟才躺下身。而这时，她已醒了，却再也睡不着。

母亲在睡梦中呢喃了一句什么，她又在焦虑着什么？唉！母亲连梦中都在为这个家操心。

天刚蒙蒙亮，她开了灯，在床上看书，翻开昨天未看完的那一页，却惊醒了母亲。母亲问："怎么起那么早？睡好啦？"她回答了一句。母亲也起身了，外面传来了扫庭院的声音，打水的声音，再一会儿，母亲端了一碗炖鸡蛋已走到床前，与每次一样，她知道：母亲是不会喝一点儿的，即使她再推让，也只是小抿一口。

鸡和鸭子在院里子叫唤着，热闹的声音使她暂时忘却了那丝苦涩，母亲或许也会略略欣慰些吧。

她说："妈，明天要开学了……"母亲自是理解未说出的话，她只说："我知道了。"可是母亲的眼睛里明显地有着一丝忧虑。

早上，她吃了母亲做的汤圆。母亲一个劲地叫她多吃点儿，说在学校里就缺这个。中午母亲又忙着包饺子，因为她常说："弯弯顺，无论走过多少弯路都能顺顺利利。"

她想：最后一个学期了，我很快便可以为母亲分担些重担了。

是的，最后一次交学费！

穿过川流不息的人群，路旁的招牌吸引着每个行人的视线。她除了行路，心里仍在想着母亲，刚刚从家里出来，便开始思念起母亲来，这是为什么？她已经不再是孩子了呀！可是母亲，明明如同就在眼前，就在她行过的路的后面，用双目注视着她远去的背影。

一条路在眼前延伸着，遥远的，她如同见到了未来的那阳光，在她的前方，照得她心头暖烘烘的。

■ 赏 析

最后一个学期的学费，那么沉甸，那么揪心扯肺。作者以感人的笔触，多角度地描写了一位含辛茹苦的母亲的形象，"那张饱含太多内涵的苍老的脸"，在"她"的眸子里渐渐放大，"她"看见母亲眼睛里的那"一丝忧虑"，"她"看见母亲蹒跚的身影，"她"在深深的暖意之中不断重复着那句话："我很快便可以为母亲分担些重担了"。平淡朴实的语言之中，包容了多少感人的母子之情啊！

■ 对　手

>> 罗蕊

在人生的豆蔻年华之后，锦绣年华之前，常常出现一个"淡淡的雨季"，男孩和女孩往往彼此怀念：你是天上的月亮，我是宽广的海洋，我的心中时时有你，你却高高地挂在天上。

好像是老天爷故意安排似的，他又和我分到了一个班。他在两年前就是我的对手了。你不要误解，这可是学习上的对手，不是打架的对手，论打架，凭他那五大三粗的样子，不把我打得稀哩哗啦才怪呢。

两年来，我和他明争暗赛，仍然是旗鼓相当，中间虽然有一些不是我败就是他败的情况，但大体上还是平手仗。他努力学习，这不，我一抬头就能看见他家窗户里的灯又亮了半夜。哼，明儿问问他，看他说不说实话。第二天清早，我和他一起上学，路上，我试探性地问："昨晚又'开了夜车'吧?"他脸上马上现出痛苦的表情，说："昨晚我头疼得厉害，不要说'开夜车'了，我一连挨了三针。"哼，又在说谎，演戏演得像得很呢。为了打败对手，双方都采取了"麻痹敌人"的策略，这种情况已经持续两年了。现在已是初三，他还是那么不老实。哼，"量小非君子，无毒不丈夫"，你骗我，我也骗你。我说："唉，我昨晚头有点疼，老早就睡了，哪像你，体壮如牛，精力充沛呀!"他听了显然不相信，我可管不了这么多，把自己的学习搞好要紧。

在初一、初二时，我们平分秋色，可不知怎么搞的，到了初三我总是仅以一分之差而屈居他下。于是，我在愤慨之余对他就有点嫉妒，这可是正常现象，你可不要对我有成见，换了你恐怕也会的。记得有一天上午，我到班里时，一眼就看见他身边围了一群请教问题者，我一看见，心里就来气，挤到他面前。我和他是同桌，我坐里边，要是往常，我一来到他面前，他就触电似的站起来，让我进去。可今天例外，我到他跟前，他一动没动，仍和别人讲问题。我本来就有气，这一来更是怒火中烧，几乎喊了起来："劳驾! 请让一让，让一让好吗!"他一听，发现是我，顿时脸上通红，一直红到耳根，立刻站了起来，让我进去。四周一片议论，我不管这些，赶紧掏出作业本写起作业来。可没多大一会儿，就被一道题卡住了，我绞尽脑汁，也没理出个头绪，演草纸来了一大堆，还是攻不下来。我停下笔，努力使脑子清醒一下，一转头，看见他已把那道题做了出来。问他？哼，我才不干呢，我非攻下它不可。我正想再算算，他那温和的声音传来："用切割线定理。"我的思路豁然开朗，抓起笔，不一会儿就把那道题拿下了。我朝他投去感激的一瞥，他正在朝我微笑。"谢谢"两字已到了嘴边，又被我吞了下去。放学临走前，他突然塞给我一张纸条就跑开了。我疑惑地打开一看，上面写着："我们之间除了竞争分数，难道就没有别的什么了吗？"我望着他远去的背影，心里说不出是什么滋味。

弹指间，紧张的初三生活已经结束了，中考考试的成绩公布了，他考上了外地的一所高中，我考上了本地的一高。他临走的那一天，我送他，他满脸真诚地对我说："愿我们三年后仍是对手！"我使劲儿点了点头，泪水模糊了我的眼睛。终于，他上了火车，火车像一堵无情的墙，把我和他隔开了，我呆呆地看着他那只挥舞着的手臂随着火车的前进越来越远、越来越远……

■ 赏 析

是对手，是同桌，也是朋友。

正因为彼此都较着一把劲，正因为瞄准了彼此的目标，才"明争暗赛"，才一路共同前行。尽管有那么一点的误解和相互猜忌，尽管有那么一点的愤慨和嫉妒，但真难想象：失去了这个对手，该是怎样的孤寂和空虚啊！

愿莘莘学子都能做到：在学习上是竞争的对手，又是朋友。

高老先生

>> 黄　凯

倘若件件事都尽美尽善了，自然没有希望发生，更没有努力奋斗的必要。

年轻的老师和学生称他高老先生，说他学识渊博，个性十足，具有超脱世俗的一种——"俗"，说到底还是俗，与众不同的俗。

老教师称他"喂"，说他不正经，很缺乏师职人员的气质和风度，但又不得不承认他肚子里全是春秋。

他叫高鹏举，因为岳飞也是字鹏举，所以他对自己的名字很满意，常有事无事就唱怒发冲冠，凭阑处，潇潇雨歇……后来电视上播了《傻儿师长》以后，他就不怎么太得意了——剧中主人名叫樊鹏举，人称樊傻儿。

高老先生年近四十，仍是个快乐的单身汉。他的观点是教育家应以教育事业为妻，言语之外，就是老师要打一辈子光棍儿。看着身陷油盐酱醋之灾的肖老师，他深感万幸，独身一人，自己吃饱便天下太平，实在妙哉！家中没有女主人，多了份自由，但也使高老先生养成了许多坏习惯。首先便是抽烟，整个办公室仅他一个人抽烟。其他老师当林则徐，竭力禁烟。他便舌战群"林"，大唱"李白斗酒诗百篇，老高千字一包烟，被动吸烟美似神仙"等等，气得大伙无话可说。于是众"林"退一万步。在他吸烟时大开窗门，让烟雾向外缭绕，他的"千古绝唱"便传遍全校。其次便是喝酒，他酷爱喝酒，爱得之深，即使你举枪对准他说再喝就要你的命，他也会毫不犹豫地举起酒杯。他喝酒的酒杯很特别，喝的是"二锅头"，用的是啤酒杯。那杯子大得曾经让来他家吃方便饭的杜老师吓得拔腿就走。不过他酒量很好，从不贪杯误事。第三便是邋遢，衬衣领子常常是黑得发亮，他说他爱穿白衬衫，但大家常见他穿的是灰黑色的衣服。他屋子里很乱，墙上、天花板上挂满了他自己创作的漫画、摄影照片、肖像画等等。地板上铺满了杂乱无章的纸张。书柜里堆满了文集、通史，床上睡着的是书不是人。但这些书不很珍贵，好的书他都珍藏在另一个比客厅还大的书房里，那个书房倒很干净，有几个很考究的书柜。里面的书有的很难看到，甚至有些是宋朝和清朝的版本。这间防盗再高明的贼也进不去。

高老先生很会写文章，是省作协的会员。他不仅写杂文，还写散文和诗，很有个性。我敢说，只要清醒着写的文章足以愧死托尔斯泰和莎士比亚。无奈，他写文章时不是抽烟就是喝酒，从来没有清醒过。所以，大家至今都称他"高老先生"或"喂"，没有人叫他托尔斯泰和莎士比亚。高老先生学问不浅，他完全可以胜任初中的任何一门学科，曾被评为市里的优秀教师和全能教师，但因为他爱抽烟，老洪不让他进教室，叫他到教务处当主任。他不干，跟老洪辩了一场，大获全胜，乐颠颠地到初三教历史去了。他教历史就像讲评书，有味道。学生很爱听，学得也很好，市教委知道了，强行要把他调到另一所省重点中学教书，老洪急了，到市教委去评理。高老先生也是"士为知己者死"，教委只好作罢，他现在还在教历史。

最近他得了肝炎，住了两次院，学生停了几天课。他说他要戒烟了，不是为了自己，而是为了学生。

■ 赏 析

风趣幽默的语言，极具个性的陈述，把高老师的老派描写得有血有肉，鲜活生动！

那"与众不同的俗"字之中，却有超脱世俗的风格和魅力：肚子里全是春秋，学识渊博，善舞文弄墨，以及独具个性的教学风格。在学生的心目之中，"高老先生"早就成了他们的"偶像派"人物了。

愿高老先生尽快康复，为了教育，为了莘莘学子。

■ 举步回首

>> 白东东

举步，回首；再举步，再回首。不能再犹豫，不能再逗留，天下没有不散的宴席，走吧，从此奔着各自的目标走吧，过去的永远过去，而新的一切即将开始。走，莫要回首，迎着朝阳，迎着彩霞，大步向前走。

举步，回首；再举步，再回首。别了，我的母校；别了，我的伙伴；别了，我爱的你们。

这是离别的季节，这是离别的日子，风唱着歌，树摆着手。啊！蓝蓝的天上白云飘，是在向我告别吗？

举步，回首；再举步，再回首。静静地孤立着的是龙爪槐的身影，悄悄地默诵我们曾共同拥有的快乐。骄阳下，你用弯曲苍劲富有古意的手臂遮挡着火辣辣的阳光，我感受到了由身到心的清凉，而你却被烈日的毒针刺痛，轻声地发出沙沙的呻吟。我抚摸着你粗糙的皮肤，磨破了我的心。你用你那洁净的心呵护着我。而我只能用无言的抚摸向你说声"谢谢。"

在我伤心的时候，我在你身旁呆立。向你倾诉我心中的悲痛，眼泪不争气地流下，滴落在你的脚边，你默默地听着、听着，我语无伦次、反反复复的诉说，你总是微笑，从没有不耐烦的神色，如甘露滋润我的伤口。我看到你的眼光是那么柔和，使我产生了撒娇的冲动。你让清风吹落我的泪，用你那如颗颗赤心的落叶抚摸着我的脸，我的身，我的心，这清新的言语在抚平我破裂的伤口。

我快乐的时候，伴着我歌唱，我发疯似地围着你跳啊，笑啊，没有一会老实劲儿。你也跟着我快乐，舞动着自己的手臂，但你忽又默默地适可而止地停住，微笑着，让我保持矜持。我理解你，温柔地倚着你坐下，与你共同数着天上明亮的星。

当装满错误的盒子被我不小心打翻后，是你阻止了我逃避的举动，开导我，教育我，甚至有时会用你强有力的手臂轻轻地轻轻地"打"

我。我知错了，我承认了错误，我改正了。你用你特有的行为夸奖着我——拍打了一下我的好幻想的脑袋，我看到了你欣慰的老泪。

啊！老师，是老师，站在你身旁，那已转灰、变白的也曾油亮乌黑的头发，那如刀凿斧砍般的深纹，那略有些佝偻的身躯，我熟悉的不能再熟悉的身影，忽然间不见了。在哪里？在哪里？咦？你的笑容为何如此熟悉，啊！我知道了，是老师已经融入了你的躯体里。老师，再见了。

举步，回首；再举步，再回首。那可爱的五彩斑斓的月季花就在脚下，露着真诚的笑脸，是你们伴我度过紧张而又快乐的高中生活。校园里常发现我们在一起嬉戏的身影，我们欢笑着，我们玩闹着，我们尽情地戏耍着，紧张的学习后让我们轻松一下，放纵一下我们热血沸腾的心胸。一张张鲜艳的充满朝气的脸迎着太阳笑，笑得弯了腰，又挺直了腰，你们含苞欲放。晶莹的露珠从脸上滑过，落在碧绿的臂上，身上。你们贪婪地吸吮着天地精华，呼吸着清晨的朝气，永不知疲倦地跳着无节律的舞。

我感到了朝气，我感染了快乐，我和你们共同度过这美好的光阴。我们是伙伴，我们也有过冲动，为了某个问题而争吵得唇焦舌燥，天翻地覆，甚至舞动了拳头，但我们终归是朋友，忘记了不快，加深了友谊。

有时，我们一同坐着，坐在碧绿的草坪上，尝试着无声胜有声的境界。有时，我们又大侃特侃，说理想，说现实，说我们自己与老师，我们无忌地笑着，无忌地哭着，无忌地说着，无忌地跳着，我们共同拥有青春，为何不快乐一些呢？忧愁、不快早已抛到了脑后，让我们尽情地舒展着即将高飞的翅膀吧！

鲜花怒放，是张张表情各异的脸。看那个正在哭泣的女孩，是"猪"还有"小叭狗"胖胖的脸蛋儿，尤其是那可爱的翘鼻子，也在尽力地抹着眼泪。哈哈，还有那个也抹着眼睛的大男生是小朱，心可好了，还有"老虎"正咧着嘴傻笑，真难看，跟哭似的。瞧人家"常乐"笑得多有水平，嘴咧到了耳朵边，小眼眯成了一条缝，还有……

啊！我的亲爱的伙伴们，在这即将离别的日子，在我们都要各奔东西的时刻，我的脆弱和感情像倾泄的洪水，一发不可收拾，泪如泉涌，大家在离别的日子抱头痛哭。不知是哪个调皮的男生，说了一句"别哭了。再哭就可以洗澡了。"才使我们破涕为笑。回忆往昔，几多欢喜几多忧。

举步，回首；再举步，再回首。母校的楼房在眼前耸立，诉说着过去。在这里，我度过了我的花季，我的雨季，这里是我步向明天的摇篮，这里是我理想的出发点，我的梦在这里发芽，我的心在这里长大。我就要离开这里了，让我再看一眼吧！我要把她深深地印在脑海里，深深地埋在心底。

再见了！老师，再见了！同学，扬起我们的风帆。奔向各自不同的港湾。出发！

举步，回首；再举步，再回首。不能再犹豫，不能再逗留，天下没有不散的宴席，走吧，从此奔着各自的目标走吧，过去的永远过去，而新的一切即将开始。

走，莫要回首，迎着朝阳，迎着彩霞，大步向前走。

■ 赏 析

诗一般的语言，恰似涓涓而动的溪水，静静流淌着回忆，流淌着浓酽厚道的师情友情。

那可敬的老师，真诚的伙伴，"深深地印在脑海里，深深地埋在心底"。师恩难忘，是你，扶正了我人生的航行；友谊无价，是你，和我共同筑起青春快乐的家园。

流逝的岁月，带不走我一腔炽烈的激情，"举步，回首；再举步，再回首"，愿友谊和师情天长地久！

■ "老乐"

>> 林 菁

责任是爱和道德的花束，把生活装点得五彩缤纷。

责任是爱和道德的花束，把生活装点得五彩缤纷。

"老乐"是我们班的调皮鬼，又是我们班的热心人。灯不亮，不用喊，"老乐"就会纵身跳上桌子去鼓捣。门窗坏了，桌子坏了，第二天准会被修好，不用问——"老乐"干的。

"老乐"就坐在我前面。开学了，我被选为班长。"老乐"油腔滑调地说："嘿！哥儿们，从今以后我们都成为女皇陛下的臣民了，而且她的眼睛还比我多两只呢！"说着还用手做两只眼镜的样子。"讨厌！"我心里暗暗诅咒。

有一天，我妈病了，爸爸又不在家，我急坏了，连上课都没精打采。"呀！女皇怎么啦？女皇有啥事，卑臣万死不辞。"看他那样子真是哭笑不得。后来，他知道我妈病了就来帮我做家务，给我讲笑话。猛然间我感到了我们之间的距离缩短了。

从此以后，接触多了，我对他也就见怪不怪了，倒觉得他爱说爱笑，有趣味。于是，送给他一个雅号"老乐"。

雷声隆隆，大雨倾盆。我忽然看到了一个瘦小的身影在大雨中晃动。走近一看，原来是"老乐"呀！他弯着腰，卷起裤脚，一只手在水中摸索着，全身都湿了。"'老乐'，你在这儿干啥呀？"我笑着说，"是不是丢了什么宝贝了？""我想弄通地下水道。"他头也不抬，依然不停地摸着。我听了急忙说："我们一起合作好吗？"他俏皮地说："你帮我撑伞，我干活，这不就是合作了吗？"

"摸到了吗？"

"Yes，Madame！（是的，小姐）"

水道通畅了，他脸上露出了笑容。

"老乐"就是乐，可牛脾气特倔。由于他经常和我在一起，别的同学总是指着我俩说： "真是一对儿。"弄得我见到他也不敢打招呼，但他倔犟地说："我就不信男女之间不能建立纯洁的友情。"他用他的实际行动向大家表明男女之间是有纯洁的友情的。

"老乐"有一股男子汉的气魄，但他也有害羞的时候。

有一天下午，全体团员和申请入团的同学留下来打扫教室。几乎全班的同学都留下来了，大家都积极地干活。忽然，我看到"老乐"站在教室外的拐角处，还不时地探头望望。奇怪，今天他怎么啦？他看到我不好意思地低下头。我故意大声地说："怪不得看不到你的影，原来是你在这里偷闲。"他脸红了："这个……这个……我不够格……还没申请。""不，谁都有资格，只要努力。""老乐"听到我这么一说郑重地点点头："Yes！（是的）"

这个"老乐"呀，有时让你生气，有时又让你高兴，但他不虚假，他淳朴真诚！

■ 赏 析

这"老乐"的外号叫得多么贴切！

"老乐"有"老乐"独特的个性："乐观，热心，真诚，让人喜爱"。他有一股男子汉的气魄，也有害羞的时候。浓浓的同学之情跃然纸上，而正是在这友情之中，连接了同学之间的情感的纽带，加深了彼此的信任、理解和真诚。

祝"老乐"常乐！

同桌的你

>> 陈　沫

"一个人若生活得诚恳，那一定是距我很远的地方"，身体的生存必然伴随圣洁灵魂的消遁，梭罗的话是这个意思吗？

　　大概是一种惩罚吧，上天让我一直挨着你，桌椅调来换去，而我的同桌却总是你，于是，我的高中生活便有了一番不同的遭遇。

　　知道吗？你的嗓门真的很大。上课，你伸得挺挺的腿抵着讲台，身体被紧紧夹在桌椅的缝隙里，耳际还插着一枝笔，最爱用那很大、很大的嗓门去继续老师的话题。每每我的思绪飘出课堂，最后都是你那过人的嗓音将我的心脏吓得乱颤一气，不得不转回神来抚平受过惊吓的情绪。我不知道你哪里来的那么多似乎很傻气的幽默，反正你传遍教室的傻言傻语，总是能换来满屋子纵情的大笑，老师——即使是长着一副"扑克牌相"的硬派老师，也是表情肌一紧堆出满脸的笑来。尽管因离你距离太近，耳膜常不能正常运作，但是你的大嗓门真的叫我们过得很开心、很纵情，枯燥的知识活了起来，心也活了起来！

　　你总是不客气地用我们周围人的东西，用了修正液，用荧光笔，你说："你的就是我的，我的还是我的！"我们哭笑不得，但我知道，你并不是一个自私自利只求索取的人，我保证。我没有带书，你总会把腰弓成虾米，身子探出来好长，让我与你共看一本书，一堂课下来，你的腰不酸吗？微微侧身的我可觉得腰上的筋要断开了。理科成绩很烂的我遇到不会写的题，你划烂了草稿纸想通了，总爱兴奋地讲给我听，而后得意地大夸自己，我当是伸张正义地驳你几句，但你那么尽心地帮我，你爱吹破几张牛皮，就让你吹破几张牛皮好了，我不会再让你口上服输心有不甘地捶桌子揪头发折磨自己。不错的，嘴上顽劣的你其实胸中有颗好心。

　　你想得到吗？你的同桌我觉得你是个怪人。分明要考外语了，你却捧本化学背来背去，你很有把握了吗？不，我知道你根本没有复习，因为分数——你本子上的得分已经表明得很清楚了。下课，用手扒了半天短毛的你顶着"毛栗子发型"居然问我："你看我的头发还乱不乱?"你郑重的样子叫我不忍捉弄你又很想很想捉弄你。你有时候很多舌，又有时候不言不语，有时候很凶，还有时候像个受了委屈的小弟弟——把书包往我脚下一丢，随即迁移过来和我挨近，不敢搬回去，好像那一边有什么人叫你饱受委屈。

同桌的你，尽管没大没小，胡说八道，还严重自大，但我还是喜欢与你做"邻居"，因为你把生活调剂得很有趣。

 **赏 析**

以如歌如诗般的笔调，将一个很有个性的同桌写得活灵活现：他很调皮，又有点散慢，有时也自大，但他的内在品质很好，他热心，很真实，对同学有一种忘我的关爱。如此同桌，谁不喜欢与他做"邻居"呢?

友谊和挚爱就在这点点滴滴的小事之中升华得活灵活现。友谊和挚爱也终将伴随记忆的暗流一同驶入大海。

想一想，你的同桌是个什么样子呢?

■ 陌生人

>> 陈佳霖

从远处望去，树林似乎是不能进入的。但当我靠近，树干和树干渐渐松开。

走廊的另一头分明是海诺，走廊的这一头的确是真实的我。两个人在空无一人的走廊擦肩而过，淡淡的一丝笑容颇让人感到是一个写字楼里的白领在不知对方姓名，不曾了解情况下的无声问好。

早已经习惯了海诺的目中无人，早已经适应了自己的傲气相争。在高考时节，这样也许是明智的。我们没有时间去享受生活，更没有机会去逃避现实，我相信自己的自制力，与两年前都能抵挡住的诱惑相比，这算不了什么。但是，我怀念两年前，两年前的海诺是如此的天真，两年前的我是如此的洒脱。可能是花季时内心无法压抑的冲动。当一个女孩在自以为成熟的年龄向我表白，未经风雨的我却也不能表现出一种成熟的心理。

那晚，海诺伤心地哭了，揪心的哭声确实带走了我所不需要的眷恋与缠绵，但它也同时带走了真挚的友谊，拆散了心与心之间架起的桥梁。我不知道自己的回绝是对还是错，16 岁的我无法勇敢地去面对她而高挂免战牌。我曾经扪心自问："我懦弱吗？我胆怯吗？"但我又一次一次地回答："不！我理智，我坚强，我不屈服于情感的束缚。"

坐在空无一人的平台上，体味着风给予的美妙感受……

突然间，喧闹的操场融进一个我所熟悉却又陌生的人。棕红色的头发在阳光的映衬下显得格外引人，这已经不能使我感到惊讶与茫然，一身所谓的休闲装，酷似中国男模胡兵，高高的个儿在人海中显得鹤立鸡群。说句实话，明皓的自然感觉真是不错。对于考大学，他又似乎如此轻松，现在，每当我站在他的身边，总觉得一种陌生的恐惧。他是与我称兄道弟的明皓吗？以前的理科王牌现在连考个及格都很困难。这是明皓吗？七年前，当我们刚刚踏入这个校园，明皓的平头，大眼镜，蓝线裤，一张虎虎有生气却又稚气未脱的脸仍记忆犹新，我俩玩耍嬉戏的情景仍历历在目。可现在，我们很少有机会去交流与沟通。我有满腹的话想对过去的明皓去倾吐，他却是没有闲功夫听我说这些的。

回家的路上，夕阳的余辉像一条大大的、薄薄的微黄色的地毯铺满了大街小巷，但是，我却似乎不属于这幅《夕阳余辉图》。今天，也许是我18年来最不快乐的一天。我渴望生日的祝福，渴望掌声与喝彩，可今天什么也没有。余辉隐没后，只有这凄凉的风和隐藏于夕阳之后的南国冬雨。

但是，不久雨就停了……

"67072。"

"先生，67072关机了。"

寻呼台小姐的回答证明明皓不想有人来打扰他宝贵的娱乐时间，他一定踏着风火轮驰骋在滚轴溜冰场上。

……

如果说我对海诺的陌生，是由于朦胧的依恋所导致的友情危机，那么对白萧的陌生则是由于短时间不可弥补的差距，是由于她表现出的平淡与坦然。当莘莘学子在汪洋中争抢救生船的时候，我们的白萧却已经早早登上了心驰神往的绿洲。交大的书香定会滋润她，使之羽翼更为丰满。我衷心地祝福我的朋友白萧，然而她平静异常。没有了少女兴奋时的手舞足蹈，没有了我想象中的那般疯狂。

"喂，白萧，你怎么了?"电话一头的我好奇万分。

"谢谢你的祝贺。"这是她的回答。

放下电话，我凝视窗外许久，黑暗笼罩的工地像旷野一样显得威严，又像茫茫的沙漠，让我在陌生的环境中拥有干涸……

呼呼的北风伴着漆黑的夜，我问苍天。海诺，明皓，白萧和我，曾几何时，我们像帆与橹一样地维系，共同分享快乐，共同分担忧愁。而现在每个人似乎都有自己的游戏规则，在游戏之后脱胎换骨。只有我一无所有，在无边的题海中遨游，在空虚与迷惘之中等待第二天的黎明。

真希望这是一场梦。梦醒时分，我能再次拥有……

■ 赏 析

18岁，多么美好的年华! 18岁的生日，应该充满青春的温馨、浪漫和激情……然而因为"高考时节",曾经"像帆与橹一样地维系"的朋友,都变得如同"陌生人"了。有过初恋表白的海诺,而今擦肩而过,只是淡淡一笑;以前的理科王牌生,而今染棕发,着休闲服,连考及格都难,却对高考满不在乎;登上了"绿洲",直升交大的白萧,对"我"的祝愿却平静异常……综合成一场"友情危机"!作者从陌生的角度写熟悉的感受——亲密同学之间的分道扬镳,不发人深省吗?

■ 信任?!

>> 黄文倩

苍天的月亮太高, 凡尘的力量难以企及, 但是开启智慧, 掬一捧水, 月亮美丽的脸就会笑在掌心。

回到家中, 已经疲惫不堪了。我甩下肩头的书包, 倒在小床上望着天花板出神。我口渴极了, 全身的骨头像散了架似的。这时, 妈妈端来一杯凉水给我: "怎么啦?" "没什么, 只是有些累而已, 别担心。" 我喝了口水, 重新打起了精神。

玩够了, 我把书搬到书桌上。书桌已比昨晚上整洁多了, 显然妈妈已经帮我清理过了。桌子正中, 还摊着一个本子。我凑近一看, 吃了一惊: "我的日记怎么是翻开的?" 下意识地, 我看了看妈妈: 她正在厨房忙着, 不时传来锅碗的碰撞声。

我坐了下来, 细细地想: "昨晚我没关日记吗? 不记得了, 桌上乱七八糟的, 也没注意。难道是妈妈翻开的? 莫非……" 我越想越恼火, 可心中另一个声音对我说: "不可能的, 你应该学会信任。" 正在我犹豫不决是否该问清楚时, 一个念头从脑际闪过——

夜深了, 我将日记本摊开放在乱糟糟的书桌上, 在两页纸的背面贴上了透明胶, 只要一翻动, 或多或少都会把纸撕破。试了试, 不错。这才熄灯上了床。

第二日, 我回家有些晚, 妈妈问我去哪儿了, 我出奇的冷淡: "没去哪儿。" 仿佛已经认定妈妈看了我的日记似的。我的心在颤动, 我的头脑乱极了, 我猜测着结果。

结果, 什么也没有。桌子仍旧整洁了许多, 而日记本仍旧摊开着, 没有一丝破损, 胶也粘得牢牢的, 以至于我扯下时撕破了本子。我的手不停地颤抖着, 我后悔了。刹时, 我觉得自己好愚蠢, 好傻! 我竟因为摊开的日记本而怀疑妈妈——陪我走过风风雨雨的最亲的人。

又是一个深夜, 我依偎在妈妈的怀中。许久的犹豫之后, 我终于鼓

起勇气问道："妈妈，你为什么不看也不动我摊开的日记本呢？"妈妈
一时没反应过来，愣了一会儿，说："我不看是因为我相信你，我不动
不收拾是因为怕你误会。"妈妈如此信任我。我又陷入了自责之中，深
深的内疚让我的心不断地抽搐：如果妈妈知道了真相，她会多么伤心失
望啊！

"我相信你，妈妈。"

"我也绝对相信你。你不小了，会自持，我又何苦去挖出你心中那
些怕我难过而深藏的过失呢？"

这一切，写在了纸上。也写入了我的心海深处，连同那两行深邃的
诗句：

"我面对太阳而立。

是怕你看到我身后的阴影伤悲。"

■ 赏 析

一首动听感人的母爱之歌！

母亲关爱女儿的深情在作者的笔下细细流淌，那饱满深情的母女对
话，话语不多，却洋溢着爱护和信任，它打破了母女之间的代沟，拉近
了母女之间的距离。

"我面对太阳而立，/是怕你看到我身后的阴影伤悲。"母女之间如
何建立起彼此的信任之桥？该如何支撑起爱的天空呢？谈罢此文，兴许
会给你一点儿启迪。

■ 班草其人

>> 韩芳

　　我们愿意包容对方的美与丑、快乐与忧愁，愿意盟约以一生去接受及爱护对方，无论将来或顺或逆、或雨或晴、或福或祸。

　　班里的漂亮女孩可以叫班花，笨拙男生就应该叫班草。高中班的班草是在军训时脱颖而出的。全班同学随着指导员的口令哗啦啦地转动，偏偏他来唱对台戏。每每把身边的同学撞得人仰马翻。开始指导员还以为他是故意捣蛋，专门指定一个小战士与他单挑。不出半日，后者就狼狈败下阵来，原来这小子天生动作不协调。于是整整一个礼拜，我们顶着毒日头水深火热，他反而与老师为伍站在树荫下袖手旁观，只因怕他"坏了一锅汤"。

　　班草小脑不行，大脑挺灵。数学、外语两门主课他以全年级第一的成绩考入我们的这所重点，刚开学就听说两位任课老师急着要他当课代表，不过英语老师很快主动弃权。第一堂课，班草被叫起来领读课文，本是有心培养，岂料不听不知道，一听吓一跳，他尊口一开，师长几乎落荒而逃，原来他说话结巴。于是他顺理成章当上数学课代表。

　　班草就是那么"实而无华"，明明满腹锦绣，偏生聪明肚肠笨面孔，加之打起球来动作走样，讲起话来舌头打结，在男女中均无市场，真成为一株无人关心的小草。其实班草很想与我们团结友爱。一次课间，他热情洋溢地要教同桌一道题，可比划了半天一直到下一堂课铃声打响，他兀自"方程两个根、根、根……"把听者恨得牙根痒痒。从此他再不敢这样子助人为乐。

　　班草在自己的一平方米领地静静听讲，默默做题，大家笑时他也笑，只是他从不与我们一起胡闹。然而班草在我们眼里头实是个宝料，任考试如麻，他稳居三甲，以致博得赞誉："吃的是青菜，挤出来的是奶。"印象中，班草一年到头一件旧茄克，一条工装裤，原以为这是"书虫"的呆气，直到有一天从班主任口中得知他竟是特困生。班草的高度近视就不是看书看出来的，而是天生眼疾。因为用眼过度，眼病突然加重，他骑车回家时目中无"石"，跌了个大跟头。养了两天，班草躺不住了，高三了，一寸光阴一寸金。看到班草顶着个大肿包出现在教室门口，大家一反常态，主动与他勾肩搭背打招呼。据说，有若干女生还是头一次与他说话。以后的日子里，班草头上的包小下去了，嘴里的话多起来。再以后，大家齐心协力挥汗如雨应付高考，班草终于如愿以偿上了第一志愿。

三年里，班草没干过一件感天动地的事。假如班草真是一棵小草，必是足以令人领略到自然静美的普通一草。

■ 赏 析

"班草其人"既普遍又特殊。"这小子天生动作不协调"，"说话结巴"，"天生眼疾"，"一年到头一件旧茄克，一条工装裤"……但"班草"大脑发达，"任考试如麻，稳居三甲"，且有一颗纯净的友爱之心."热情洋溢"，"助人为乐"……如此形象，真是"自然静美的普通一草"啊！

作者对"班草"的生动描写，透出作者对高中生活那段友情的深深珍惜和眷恋。

时空隧道

■ 上下求索

>> 陆胤

回眸过去，我看到生命的粒子从茫茫宇宙飘零到地球，生命之极无可穷溯；展望未来，我感悟今天的一切都将随时光归于永久的寂灭而万劫不复。

子在川上曰："逝者如斯夫，不舍昼夜。"回眸过去，我看到生命的粒子从茫茫宇宙飘零到地球，生命之极无可穷溯；展望未来，我感悟今天的一切都将随时光归于永久的寂灭而万劫不复。

但是，生命从不悲观，人们陶醉的是生存着的现在时和记忆中的过去时，但更追求想象所及的将来时。于是在这世纪之交，我把目光从书本移向了辽远的星空，繁星闪耀着智慧的光。

我看到了上个千年伊始，人世间黑暗的一幕：在西方，中世纪的宗教法庭正在一步步吞噬真理的存在；在东方，程朱理学的建立正一点点消损这个智慧国度的活力。在哪里呀？那伊里亚特和谐的韵文，那维纳斯优美的曲线，还有那奥林匹斯山下熊熊的烈火；在哪里呀？那"水击三千里，抟扶摇而上者九万里"的浪漫，那《九章算术》中圆周率跳跃的算符，还有那百家争鸣的激烈。人们在物质文明相对于上古丰富的同时，却匮乏于精神的文明。

为什么？历史是前进的吗？

是前进的！正因为前进，我们才从简单的蛋白质生命进化为人类。我俯仰古今，寻找那中世纪文明倒退的答案。从庞贝古城的废墟上，从万里长城的脊梁上，我找到了它，原来历史总是在不断重复自己，而又在重复的废墟上建立起自己新的提升，周而复始曲折地前进着。

逐天地之悠悠，

共上下而求索！

——寄语新世纪！

■ 赏 析

　　熔古今中外于一炉，笼天地万物于笔端，大气磅礴，气盛言宜，是本文的主要特点。"气，水也；言，浮物也。水大而物之浮者大小毕浮"，"气盛则言之短长与声之高下者皆宜"（韩愈《答李翊书》）。而气，源自观察、思考、阅读积累，乃至个人气质，修养等。作者家境贫寒，平时勤苦，博学多思，尤重养气，故其为文，气势充畅，远非那种小家子气文章或应试八股文所能同日而语的。"子在川上曰"，起句突兀，一声浩叹，统领全文，开口决流。其下一泻千里，不可羁勒，精骛八极，心游万仞，散而不乱，漫而有序，由古及今，由人及我，从物质文明到精神文明，从自然科学到社会科学，层层铺展，结句在"当从今天的你我做起"，立志"承古人""启来者"，表现了当代青年可贵的社会责任心和历史使命感。

新千年乐章

>> 华　美

　　你不用再为一个个地球上的邻居飞快地消失远去而泪水涟涟，盼望已久的那幅画面一定会成为历史的新页。总有一天，绿色与生命会伴随永远的星光无限。

生命篇

　　你不用再为一个个地球上的邻居飞快地消失远去而泪水涟涟，盼望已久的那幅画面一定会成为历史的新页。从遥远的南极到广阔的热带，一切美丽的、鲜活的、因人类的冒犯而曾流离失所乃至遭受灭顶之灾的生物，终于又回到了熟悉的家园。相信人类充满负疚感的忏悔吧。鲜血、屠杀这些该诅咒的字眼早已灰飞烟灭，让我为你建造一个家——一个有你、有我，共同的家。

星光篇

　　流星的誓言终于得到了实现，古老的银河上架起了崭新的大桥。抛开笨重的宇航服，把地球人特有的微笑、亲吻带到任何一个没有星光的角落。让我们在每一个口袋里装满橄榄树的种子，挎上一壶生命的元素 H_2O，让晶莹透亮的清泉滋润上古干涸的大地。总有一天，绿色与生命会伴随永远的星光无限。

四季篇

　　渴望不再有冬季，让冰山的悲剧不再重演，让卖火柴的小女孩不再哭泣。让一切该快乐该温暖的人快乐吧，把一切寒冷的记忆留给旧的世纪，因为"春夏秋冬"已写满了新的千年。

　　让我们共同守候新千年的第一个春天。

■ 赏 析

    这是一篇畅想新千年的抒情散文，是对美好未来的礼赞。人们说："没有梦就没有未来"，梦就是理想，就是憧憬。尽管当今世界仍有"血"和"泪"，但作者梦想新千年将消灭这一切该诅咒的字眼，勾勒出大地、生命、星光、四季的美好画卷，对和平、美丽、绿色、春天一唱三叹，反复吟咏，表现了青少年对未来美好、纯真的向往。

■ 回眸百年

>> *海燕*

这，是一个时间、空间、尘世间斗转星移的世纪；这，是一个家事、国事、天下事沧海桑田的世纪。可这是一个让我们人类足以自慰的世纪吗？

100 年的风雷激荡，100 年的高歌猛进，100 年的沧桑风云，100 年璀璨辉煌。当这样一个沉甸甸的 100 年活生生地铺展至自己眼前时，我问自己：20 世纪留给人们的是美丽、璀璨，还是痛苦和悲怆？

20 世纪人类从无知走向已知，从落后、蒙昧走向文明与开化。20 世纪人类社会从立法走向执法，从无序走向有序。20 世纪，电话、手机、商务通的发明；电脑、互联网、伊妹儿的出现；汽车、火车、飞机的制造，使人们获得了更多的资讯、更快的服务。于是到了 20 世纪末，人们走入了信息时代。

这，是历史的进步、是社会的进步。可是凭此我们就能说 20 世纪很美丽吗？

不能——

抬头寻找天空的翅膀，候鸟出现了它的影迹，带来远处的饥荒、无情的战火依然存在的消息。 20 世纪，两次世界大战，近一亿生灵死于非命，从希波到十字军东征，从希特勒的奥斯维辛集中营到日寇在华北的细菌试验场。以往的人类历史，可以说是交织着满足人类无限贪欲而展开的狼烟与铁血啊！

20 世纪确实取得了巨大成就，它养育了最多的人口，但也葬送了最多人的生命。它创造了高科技，但也发明了核武器。

这一切说明了什么？说明了 20 世纪物质与科学技术突飞猛进的同时，人类的精神家园、人类的道德意识可谓是花果飘零。可看看巴以冲突中的流血牺牲，看看菲律宾的人质危机，人类啊，难道还要我们的心智像雨、像风，以对道德的沉沦来拯救我们这个越发脆弱的星球吗？20世纪人类对环境的破坏就更令人堪忧。废气污染了天空、废水污染了海洋，温室效应的增加、两极冰山的融化，无不构成人类生活与发展的危机，美国作家阿西莫夫说得好：瞧瞧我们都干了些什么！我们把陆地变得千疮百孔，把天空弄得乌烟瘴气，把海洋变成一个巨大的垃圾场。够了，够了！不是篇幅不够，而是我不忍心再一一列举。

人类从来没有像20世纪这样获得如此迅猛的发展，也从来没有像20世纪这样遭受如此深重的灾难。

这，是一个时间、空间、尘世间斗转星移的世纪；这，是一个家事、国事、天下事沧海桑田的世纪。可这是一个让我们人类足以自慰的世纪吗？

有美丽、有悲怆，有璀璨、有痛苦，答案是丰富多彩的。但无论如何，我的心中都有一首歌：唱出你的热情，伸出你的双手，让我拥抱着你的梦，让我们的笑容拥抱着明天的骄傲，让我们期待：明天会更好！

■ 赏 析

对于一个较大的话题范围，如果只停留在泛泛的空谈上，没有一定的写作功底，是很难写出好文章的。在这种情况下，选择一个较为具体的角度，有针对性地来谈，应该是一条捷径。我想也更能体现出你对话题的深刻理解。

这篇文章的作者便是选择了对已经逝去的20世纪的思索来谈论这一话题的。选择角度的具体使他的行文便具有了相对深刻的主题和较为具体的内容而不至于流于泛泛。

作者开篇便对20世纪进行了一系列的概括，"100年的风雷激荡，100年高歌猛进，100年的沧桑风雨，100年的璀璨辉煌。"语言流畅而有气势。在看到历史进步的同时，没有忘记这个世纪给人们带来的深重灾难，"有美丽，有悲怆；有璀璨，有痛苦"，而这一切也正体现了我们的话题——答案是丰富多彩的，行文极为自然。但这种丰富多彩并不足以自慰。因此，作者化用歌词，表达了心中的美好愿望，体现出对人类生存状况的关注。

作为一篇抒情散文，作者文笔优美，思路大开大阖，语言张弛有道，体现出良好的驾御语言的能力。

假如我有一对翅膀

>> 田 亮

假如我有一对翅膀，就要飞遍世界的每个角落，去寻找因为贫穷、疾病、被压迫而痛苦的人，为他们解除痛苦。假如我有一对翅膀，就要让全世界没有呻吟、哭泣，只有欢声、笑语！

假如我有一对翅膀，我就要在蓝蓝的天空自由飞翔，向彩霞姐姐要来红艳艳的色彩，向星星大哥要来闪闪的银光，从美丽的泉水妈妈怀里装一瓶生命的甘泉，在世界各地最奇异的花园里采来七色花，郁金香、月季花、腊梅花、樱花、菊花、茶花……许多奇花异卉的花粉，向正在和花仙子跳舞的勤劳的小蜜蜂学习酿蜜的技术。我把彩霞的艳丽，星星的光彩，生命的甘泉全部注进花粉里，用翅膀不停地扇呀扇，虽然累得头昏眼花，还是不停地扇呀扇，终于一股芳香扑鼻而来，我总算酿成了一种幸福的生活之蜜。于是，我带着蜜展开自由的翅膀开始长途旅行。

我将飞到莱茵河畔，找到那个盲姑娘。她多机灵呀，只听贝多芬弹了一只曲子，就认出了贝多芬。可是她那双美丽的眼睛失去了光彩，也失去了迷人的笑容。她看不见阳光，树木、鲜花、小溪，只能让温暖的阳光拥抱她，让树叶掉到她身上吻她，她只能听到小溪"叮咚"的歌唱，多么不幸的姑娘。我掀起一阵清风把蜜送进她嘴里。啊，多美，那蓝宝石般的眼睛又重新放射出光彩，充满了惊疑，思索。她看到了金色的阳光，葱绿的树木，她看到了美丽的鲜花迎风翩翩起舞，还和涓涓不息的水溪一起宛转歌唱。我看着那美丽、活泼的姑娘真不想走了，可想到自己的重任，又飞走了。

飞呀飞，飞到了小汤姆的身边，他的双腿摔断了，不能去上学，不能和小朋友们一起去玩儿，一个人睡在床上听煤的对话，多可怜呀！我流着泪送给他一点蜜。他一下子蹦起来，迈开健美的双腿和伙伴们一起玩乐，去追逐美丽的小鸟，和快乐的小浪花嬉戏。看着他们那么快乐，我心里说不出的高兴。

飞呀飞，我来到一株白桦树下，那里静静地躺着小音乐家王津，我在他嘴上涂了点蜜，他苍白的脸上现出了红晕，眼睛放射出星星般的光辉。啊，他又听见了，听见了白桦树在唱着欢乐的歌，小鸟，小虫奏着欢乐的曲子，大自然在欢呼他获得第二次生命。

假如我有一对翅膀，就要飞遍世界的每个角落，去寻找因为贫穷、疾病、被压迫而痛苦的人，为他们解除痛苦。假如我有一对翅膀，就要让全世界没有呻吟、哭泣，只有欢声、笑语！

■ 赏 析

这是一篇优美的散文，也是一篇充满儿童情趣的童话。作者用充满孩子气的诗一般语言，凭借翅膀展开了丰富的想象，酿造出一种幸福生活之蜜，让盲姑娘重见光明，让小汤姆重新恢复行动自由，让小音乐家王津获得第二次生命，让全世界没有呻吟、哭泣，只有欢声、笑语，充分表达了作者的崇高理想和美好的愿望。

■ 海底城

>> 颜 军

在高超的建筑技术的帮助下不断克服困难向深海进军，人类借助科学的强大力量一定会使海底城更加光辉灿烂。

夜幕降临了，海边十分寂静，我深情地望着大海。海面是那样的平静，海浪是那样的轻柔，此刻，在这静静的海底，在那栖息着无数海洋生物的地方，有一座巨大的现代化城市——海底城。

海底城南起海南岛，北至舟山群岛，长千余里。城里大厦鳞次栉比，公路纵横交错，有繁华的商业区，有平静的居民点，有热闹的公园，有幽静的花坛。太阳灯如群星闪耀，电动车似流星穿梭，宛如一座现代化的新型海底水晶宫。外壁都是由超级玻璃钢制成，抗高压，耐腐蚀，晶莹透亮，但只能从里面看到外面，外面却看不见里面。

透过玻璃钢壁，看到了海底城外的另外一个充满生机的世界。玲珑剔透的珊瑚像一棵棵巧夺天工的玉雕的小树，五彩缤纷；美丽异常的海葵像一朵朵小巧玲珑的淡雅菊花，争妍斗艳。多种多样的热带鱼类在这花丛树林间游弋，千奇百怪的海底动物在这莽莽丛林下窜动，犹如天然的公园和水族展览馆。

海底城内温差极小，犹如四季如春的春城——昆明，这对于促进人类的身体健康是有着极大的好处的。为何这里海水这样温暖呢？因为在北太平洋地区东北信风的影响下，从台湾地区有一支向北移动的暖流——黑潮暖流，它和另外一支寒流——沿岸流在舟山地区相遇，因而在舟山群岛以南各处，受此暖流影响十分显著。它像一个巨大的暖气管，源源不断地输送着赤道地区的热量，温暖着海底城的千万居民，又因为海水保持热量比较多，也保证了海底城的温差不大。

想到这里，我不禁兴奋地向海上望去。海面空荡荡的，什么都没有，看着看着，我忽然回想起白天海面上那壮观的景象；一架超大型折叠式太阳能发电器像荷叶一样平铺在海面上，太阳送给地球的一部分光能和热能在这里转化成为巨大的电能，通过高压输电线送到海底城。瞧，那片沙滩前半人高的堤坝，是依靠海潮发电的大型发电机组，它日夜不息地向海底城输送着大量的电能。此外，海底城原子能发电厂巨大的隔离塔里，核反应堆正在运转，各发电机组，通过电缆向海底城输电，为千家万户带来光明。

看，不远处的海里矗立着一个巨大的半球型的建筑物。那儿是海底城的一个淡水净化站，为人口众多的海底城输送淡水，大量的淡水来自各个江河，在近海有无数江河奔腾入海，带来大量淡水，像舟山地区的甬江，海门附近的灵江，温州附近的瓯江，马尾地区的闽江，厦门地区的九龙江……在这些江河的入海处铺设导水管，连接着各大淡水净化站，源源不断地向海底城的居民供应淡水。

……

我望着大海想到：由于海底城有着许多优越的条件，使得人们不断地向深海地区扩大着海底城的面积，新型的建筑材料在高超的建筑技术的帮助下不断克服困难向深海进军，人类借助科学的强大力量一定会使海底城更加光辉灿烂。

■ 赏 析

置身于"海底城"梦幻般的世界，咂舌感叹之余，也深为自己能居住于这样一个星球而感到荣幸。其实，最值得我们引以为豪的还是我们人类自己：创造、开拓，让思想不断延伸，让理智的头颅高高抬起，在知识的"圣金山"遨游，吮吸科学至纯的养分，接受美，创造美……

也许"海底城"的梦想就在眼前，因为，人类已经抵达梦的腹地……

■ 复制哥德巴赫

>> 熊 政

即使是为了科学，也不能将科学的成果据为己有。这是居里夫人向人类贡献镭的同时，贡献的另一种价值。

公元 2041 年，一座关闭了半个多世纪的地下冷库被人打开了，走进一位年纪约四十，黑头发黄皮肤的人，他就是当时地球上最杰出的遗传学家李明博士。正是他第一个把人类记忆的移植变成现实。他在冷库里缓缓地搜索着，终于在一个装有蓝色液氧的玻璃器皿前停下脚步，旁边一张标志卡上填写着姓名：哥德巴赫，部位：头脑。李博士露出一丝笑意吩咐助手道："就是这个，搬走！"

十分钟后，某医院产房，一位母亲恋恋不舍地看着自己的儿子被抱走，尽管她知道儿子将成为一个了不起的数学家，可她还是忍不住唤着儿子的名字："汤姆，汤姆……"直到孩子消失在视线中。

五小时后，手术室中的李明博士欣慰地擦了把汗，手术成功，哥德巴赫的记忆已经移植到小汤姆的大脑中。"下一步就是等待十年，"李博士自言自语道，"可惜技术不十分成熟，只能将记忆移植到自身没有记忆的婴儿身上，否则哪用等十年！"李博士似乎还有一些遗憾。"人类已为哥德巴赫猜想等待了几个世纪，还在乎十年？"助手插话说。"是啊！十年也不长。"李明博士看着手术台上的孩子充满了希望地说，"十年后，你将为人类驱散笼罩哥氏猜想的乌云。"

十年过去了，小汤姆长大了，他走着一条与幼年哥德巴赫十分相似的路，尤其在数学上表现出惊人的天赋。凡是当年哥德巴赫解得出的题目都难不住他，人们都叫他小巴赫。时机成熟了，一天李明博士把那本记载着哥德巴赫猜想的笔记本平静地递给小巴赫，小巴赫熟练地翻着，就像翻自己的日记一样，终于他翻到了那一页，看到哥德巴赫写下的"我已有了一个绝妙的证法，可惜这里地方太小，写不下了"这行字之后，小巴赫立即对李博士说了句："请给我一张纸。"接过纸，他立即埋头写了起来，十分钟后，他把纸交给李博士，平静地说："这就是答案。"

一小时后，世界沸腾了，人们都为小巴赫解开了这个困扰人类几个世纪的难题而兴奋，贺电雪花般从世界各地涌向李明博士和小巴赫。

十天后，又一个消息震动了全球，李明博士已应小巴赫要求，为他做手术消掉了哥德巴赫的记忆。小巴赫在一封给世界人民的信中说："我不愿带着别人的记忆而生活，我要属于自己的生活！"

在李明博士的帮助下，小巴赫（不，小汤姆）找到自己的母亲，找回了属于自己的生活。

■ 赏 析

科技发展日新月异，记忆移植或许会成为现实。这的确是一条攀向科技峰巅的广阔大道，使人类文明得到了迅速的发展。

然而，我们需要自我，需要个性。我们宁肯做一个平凡但却独特的自己，也不愿做别人的影子。只有走自己的路，踏出的足迹上才会刻下自己的名字。

■ 克隆希特勒

>> 金 月

思想是后天的产物，复制不了。即使思想复制，现代社会能接受法西斯主义吗？

"希尔，男，18 岁，哈佛大学一年级新生，其余情况不详。""该死！"联邦调查局局长库柏愤愤地骂道，"赶紧查清他的来历！""是！"几位情报人员匆匆而去。

库柏还在低声诅咒。是的，希尔和当年的希特勒一模一样，在科学技术高度发达的 2010 年，什么事都可能发生。

调查结果很快就出来了，希尔是凭优异的成绩被哈佛大学录取的，此前在德国读书，一直是位品学兼优的好学生。惊人的是，希尔仅有一位亲人，而他就是 10 年前自杀的雷蒙多教授。

"雷蒙多教授，20 世纪伟大的生物学家之一，在遗传学方面有很高造诣。"库柏开始感到恐惧，雷蒙多历史上同情法西斯主义，况且完全有能力复制希特勒，而这位"希特勒"已经活生生地出现了！雷蒙多是真正的自杀，还是他杀？抑或是希尔……库柏不敢再想下去了，他决定先把希尔暗中监视起来。

事情并非想象的那样糟糕，希尔思维敏捷，智商很高，为人正派，从未干过任何出格的事，完全是一位和平爱好者。他还在公众场合发表演讲，反对美国的对外干涉政策。难道这都是他伪装出来的吗？库柏陷入了深思。

案情有了突破性进展：情报机关在亚洲赤道的热带雨林中发现了一所神秘的实验室……雷蒙多教授的克隆实验室！

库柏打开了情报人员得到的雷蒙多的实验日记：

"1992 年 4 月 12 日，……成功了，我成功地复制了希特勒！当今世界上只有我完全掌握了克隆技术……我要照顾好小希特勒，嗯，叫他希尔吧……"

"1997 年 6 月 10 日，……他们才克隆出一只羊，而我的小希尔都 5 岁了……"

"2000 年 4 月 12 日，今天是希尔 8 岁生日，而我却彻底地绝望了。我终于认识到，我能复制希特勒，但不能复制 80 年前的德国，希尔只是遗传基因跟希特勒完全一样的现代人而已。思想是后天的产物，复制不了。即使思想复制，现代社会能接受法西斯主义吗？

看来，失败在开始时就已经注定了……"

库柏耸了耸肩，挥挥手，"解除对希尔的监视吧！"他长舒一口气，重重地倒在宽大舒适的座椅上。

■ 赏 析

文题令人吃惊，故事颇具荒诞色彩。

现代科技的迅猛发展，已经触及到我们生活的方方面面。克隆技术的出台，预示着人类社会的又一次巨大飞跃，同时，它对人们的思想观点、伦理道德等也产生了新的挑战，但无论如何，它也不可能改变历史，不可能阻挡历史前进的步伐，"复古主义"也仅仅是某些人天真而愚昧的幻想而已。

作品之中蕴含的哲学思维，确令我们陷入深思，受到启迪。品味到科幻作品的科学性、合理性。

移植记忆

>> 江 丽

目标实现了，便是光荣；目标实现不了，人生也会因这一路风雨跋涉变得丰富而充实；在我看来，这就是不虚此生。

B 国 L 城的某一科学实验室里响起了一片欢腾："成功了！终于成功了！"

以菲尔教授为首的一组科技人员的一阵吼声，立刻使全国人民沸腾了。

"在很久很久以前，M 国的科学家曾大胆地设想：既然动物身上的记忆移植获得了成功，那么人的记忆移植也一定能够做到。虽然人的记忆移植要比动物复杂得多，若干年后的今天，我们把这一假设变成了现实。我相信，我们将是这一科研成果的首批获益者。"这是菲尔教授向新闻界发表的一段简短的讲话。它立即引起了 B 国居民的好奇，使他们产生了某些冲动。

在学校里，一些学生在想：真是太好了！我可以把 A 君的记忆移植到我的脑子里，那我就不怕考试了。在某些家庭里，家长们在幻想：太棒了！这的确是个好办法，我儿子一定能考上名牌大学了。在军队里，哈哈哈！一些士兵在做梦：如果我能够……那么我一定能成为一名将军了！在政府机关里，某些职位低的小官员们在自言自语：对，就这么办，说不定我还可以当总统呢。

这时候，军政界的一些要员，商界的超级大亨，社会的知名人士，乃至 B 国的总统都在嘀咕着：天啊！这可怎么办？万一那些和我做对的人甚至一些小混蛋，偷偷地把我的记忆移植走了……不行，我得赶紧找这个该死的菲尔谈一谈。

与此同时，一些科学家也在凝眉沉思：这项科研成功后会有什么后果呢？唉，俗话说得好：人不为己，天诛地灭。可见人的本性是多么的自私，如果他们都以个人利益为出发点来利用这项科研成果的话，那么……啊，不好！这很有可能，万一搞不好的话，就会引起世界性的灾难。对，就这么办，得赶紧找菲尔教授解决这个问题，再叫上 G 博士他们，时间太紧迫了。

若干天后，新闻界又发布了一条震动全国的消息：几天前，菲尔教授所在的实验室突然发生火灾，关于记忆移植的材料均被大火吞噬，菲尔教授和有关科技人员全部失踪，具体原因警方正在调查。

完了，全完了……

很好，高枕无忧了……

唉，还是死了好几个人……

■ 赏 析

读罢此文，有几个问题不能不引起大家注意：

1. 菲尔教授在动物身上的记忆移植获得成功之后，为什么使国民"产生某些冲动"？

2. 科研成功到底会有什么后果？

3. 我们该如何合理利用科技成果？

4. 设想一下：菲尔教授所在的实验室发生火灾的原因是什么？

……

■ 过去和将来

>> 赵 钢

请不要忘记地球只有一个，从'繁荣'的美梦中醒来，救救地球吧，救救人类自己！"

你关心我们的世界吗？让我们跟随作者去回视过去展望未来吧！

他是这个时代著名的科学家。今天，他将要去完成一项世界科学委员会交给的任务，通过磁场打开可控制的时空隧道去解决一些人类争论的关于历史和未来的问题。

当原子钟上时间显示刚过正午的时候，隧道被磁场拉开了，一切都按照"当时间偏离轨道时，一切都被带走"这条规律进行着：他和罩在外面的保护装置被一起带走了。

过了好久好久，他被从隧道中抛了出来，抛在一个平原上。这是两万年以前，这个已经过去的时代的平原，留给他的第一印象是——真是太美了，草木茂盛，流水潺潺，天空湛蓝，这真是难得的净土！他被陶醉了，甚至忘记了自己的任务。

负责磁的计算机启动了磁场把他接了回去。在路上，他摇了摇头："简直不可思议，一个多么原始的时代啊！幸亏我没有生活在这个年代。"接着他在通向未来的路上沾沾自喜：这下可以去领略未来的发达了。

他取出微型雷达，扫描了四周，屏幕上的显示，使人透不过气，方圆几百里内没有一丝人类文明的标记，还包括天空、地面以及深入地下一千米范围内，能找到的仅仅是一些低等的生物。而更令人不安的是，这些生物都有一个特点：可以在强放射下生存，"核战争"三个字，让他不寒而栗，仗着胆大，他又在四周走了一圈，放射探测器告诉他，这里有一定的放射线。他动用磁场又去了几个不同的地方，终于在最后一个地方找到了"人类"。但他发现这些"人"竟然不会讲话，个个尖嘴长毛，探头弓腰，哇哇乱叫。他甚至怀疑是不是计算机出了毛病，把他又送回到了两万年前。他费了好大的力气，才使这些"人"明白他的意思。他们用手势告诉他：在前人流传下来的一本书中记载了一切，但他们看不懂。

他翻开书，上面用一种与他使用的文字相像的文字记述了一段历史：

"……现在地球上的所有可用资源都已枯竭，不可再生资源早已用尽；可再生资源由于人类过度地利用、浪费与污染，也将无法再利用。人们便采取战争手段从别人地手中掠夺资源，并且动用了核武器。他们终于摧毁了一切人类的文明以及大部分包括人类在内的生命。在剩下的人使用一种以高耗能的技术消除了大部分核放射后，他们发现最后的能量也被用尽了。人类只得重新从原始社会开始，一切科学都将湮没。我希望能看懂这本书的人们，提醒你们的社会，多给后代留下一块蓝天和绿地。不要再发动战争，历史的回归绝不是历史的重复，千万不要……"

他看到这里立即合上书。然后按动了返回的电钮，回到他的时代。

他万万没有想到，两万年前与两万年后的人竟是那样惊人的相似，又是那样迥然不同。

他的报告上没有关于实验的数据资料，而是用大量的篇幅讲述了他两万年前和两万年后的两次经历。报告中最后写道：

"……环境与资源危机已经向人们敲响了警钟，如果继续按照人类原有的'以毁灭地球为代价'的资源开发与环境污染的做法'发展'下去，那么人类就会将一切希望都'发展'成为自己的泪水，只能同大自然同归于尽……请不要忘记地球只有一个，从'繁荣'的美梦中醒来，救救地球吧，救救人类自己！"

▇ 赏 析

人类的未来众说纷纭，不一而足。作者以其出色的想象力为我们构造了一个全新的未来世界，并给现代人提出了发人深省的问题。全文结构浑然一体，语言生动流畅，让人回味不已。

文章体现了很强的忧患意识。作者并非在危言耸听，我们可以想象：如果人类继续对资源进行掠夺性的开发，对环境进行大肆地破坏，那么必将导致人类的灭亡。

假如我是飞碟研究专家

>> 李振海

随着科学技术的不断发展，征服宇宙步伐的不断加快，揭开飞碟之谜指日可待。

每个人都有自己的理想。假如有人问你："你的理想是什么？"你也许会豪迈地回答：科学家，文学家，艺术家。而我的理想是当一个飞碟研究专家。

飞碟像磁石一样吸引着我。今天的人类社会是科学化的社会，科学技术以日新月异的高速度向前发展着，知识更新带动了科学技术向高精尖发展。现代化的科学仪器不断问世，为研究飞碟和宇宙开辟了广阔的前景。

从40年代末以来，人们不断发现不明飞行物环绕地球而来，它们时隐时现，神出鬼没，变幻莫测。这些不明飞行物的飞行速度令人难以置信，它们出现在世界各地，很多人目击过并拍下过不明飞行物的照片。不明飞行物呈碟状，像两个扣在一起的碟子，因此叫飞碟。它放射出耀眼的光芒，体积有大有小。有很多人认为不存在飞碟，认为这是人们的幻觉，说飞碟的出现与地质构造的变化有联系，很可能是电压现象作用造成的。但我认为，飞碟是存在的，很可能是由某个比我们更高级文明的外星球智能生物驾驶的，因为有大量的事实可以证明这一点。

第二次世界大战时，许多国家的飞行员在空中遇见不明飞行物；日本广岛遭原子弹轰炸后，日本上空也出现了不明飞行物。随着人类科学的发展，人类的步伐迈向了太空，宇宙飞船进入太空进行科学研究。这时，不明飞行物也频繁地出现。

　　飞碟的飞行速度是地球上任何飞机或火箭都达不到的。飞碟到底用什么作动力？我看了许多书，有的认为用核聚变作动力，也有的认为是电力、磁力、引力的综合体等等，这个问题至今还没有得到令人满意的回答。飞碟为什么到地球上来呢？它来地球干什么呢？我想飞碟来到地球可能是来促进地球文明的吧！飞碟的主人是否是其他星球的智能生物呢？关于这个问题已经有些线索了。我想，飞碟有那么大的能力，比我们地球人要先进得多，那么它的主人肯定是高级的智能生物。有许多被飞碟劫持的人回到地球后，什么也记不起来了，即使是利用催眠术讲述，也只是一些片段。但有极少数的人被劫持后，对所发生的事略有记忆，不知是特殊照顾还是有意安排。

　　与飞碟事件相连的事情还有很多，如百慕大三角地区是众所周知的。在这里有很多轮船及飞机失踪，引起了全世界广泛的注意。有人目击飞碟以令人难以置信的速度潜入百慕大三角地区的海里，这个地区经常有飞碟出没。飞机轮船的失踪可能与飞碟有很大的关系。

　　另外，在地球上有很多无法证明的事情，我想这与飞碟是有一定联系的，如印加古城的巨石建筑群之谜：在安第斯山之巅，巍然耸立着有几千年历史的巨石建筑群。试想，原始时代的印加人，没有先进的工具和科学知识，怎么可能将一块块 300 吨的大石垒起来，连薄刀片也插不进去呢？况且这些建筑群以严密的几何结构布局。在当时原始的印加人是无法完成这样的工程的。还有印加人曾涉足过的兹加平原上，从空中摄影时发现地上有巨大无比的鸟兽、昆虫和星类的图案，这难道是偶然的巧合吗？我想这也许是由很早以前外星的智慧生物所创造的，因为当时原始人是无法完成这样的"杰作"的。另外还有一些争论，如欧洲大陆上的白马图、埃及的金字塔、黄道二十符及狮身人面像等，都需要我们去探索和研究。世人正拭目以待，我们身上的担子不轻啊！

　　随着科学技术的不断发展，征服宇宙步伐的不断加快，我们一定会揭开飞碟这个谜。假如我是一个飞碟研究者，我一定会努力探索和研究飞碟，为早日揭开飞碟之谜作出贡献。

■赏 析

那不明的飞行物一直挑战着人类思维的顶端。外星到底有没有所谓的"智慧生物"？在地球之外，"更高文明的外星球"会不会存在？……

联想为自己树立了理想，联想也终将推动人类从一个领域步入另一个领域。

以现实为经，幻想为纬，共同构筑一个美好灿烂的明天吧！

■ 器官岛

>> 罗 骏

"我可以把爱给你们，但必须拿幸福来交换。"听着爱神的要求，脚的面前幻化出一座座高耸入云的大山、一片片荆棘遍地的丛林，它紧紧地攥着神毯，畏惧地后退着。手呢，则坚定地将幸福托起来献给了爱神。

很久很久以前，人还没有出现的时候，已经有了人的器官了，它们都住在一个叫"器官岛"的岛上。那里有天真可爱的眼睛、知识渊博的头脑、能说会道的嘴巴，当然，还有手和脚。

手和脚原是一对孪生兄弟，它们长得几乎一模一样，可性格却迥然不同。脚是哥哥，虽很强壮，但却很懒，不仅不帮其他器官做事，还时常欺负它们。手是弟弟，虽没脚那么强壮，可很勤劳，且很善良，不仅有求必应，而且总把其他器官的事看成分内的，主动而为，大家都很喜欢它。

有一天，肺得了重病，一个劲儿地咳嗽。头脑把所有的器官召集到一起，告诉它们，肺已经不行了，必须到深山中去寻找一种叫"健康"的药才能治好它。大家推举了强壮的脚和乐于相助的手去找药。头脑告诉它俩：只有找到山中的幸福、磨难和爱三位神灵，才能找到健康。

手和脚进山了。它们先找到了幸福，一向吝啬的幸福为它们的善良所感动，以少有的爽快把自己的神毯分给了它们。它们乘着神毯轻而易举地通过了磨难之神设置的种种障碍，来到了爱神面前。"我可以把爱给你们，但必须拿幸福来交换。"听着爱神的要求，脚的面前幻化出一座座高耸入云的大山、一片片荆棘遍地的丛林，它紧紧地攥着神毯，畏惧地后退着。手呢，则坚定地将幸福托起来献给了爱神。随即，脚凭借神毯轻松地回到了岛上。而手却揣着爱心，披荆斩棘、翻山越岭，历经千难万险，才回到器官们当中。那颗珍贵的爱心，变成了健康，肺的病很快就好了。事后，器官们更加敬爱手，而脚由于自私没了朋友，在孤独中受着煎熬，它拥有的幸福，也名存实亡。

　　终于有一天，伟大的上帝决定把所有的器官联合起来，组成一种从未有过的强大的生物——人。脚是那么痛苦，除了屁股之外没有其他器官愿意和它在一起，它被安排在身体的最下面；手却很受欢迎，上帝把它放在了最便于活动的部位。

　　从此以后，手用上帝所赋予的灵活更好地服务大家；而脚呢，也在生活中明白了幸福的真谛，于是用自己强壮的躯体，默默地支撑着大家的幸福。

■ 赏 析

　　多么奇特的童话式的文章！

　　避开"手足情深"的大众题材，另辟蹊径，大胆设想，以"手足争宠"为框架，以独特的手法和群体化的思路，展开情节，的确别开洞天，另有一番滋味儿。

　　手足之间，孰轻？孰重？生活之中，孰强？孰弱？

　　——一个都不能少！

■ 三国志

>> 邱　山

蓝色象征着和平与宁静，但地球体上的国家却不是纯然一种"蓝色"。

从太空上看地球，地球是一个蓝色的球体。蓝色象征着和平与宁静，但这个球体上的国家，却不是纯然一种"蓝色"。

△——美国。这个世界经济和军事大国，在近几年的国际事务中，日益暴露出其独霸全球的野心。在国际活动中，它的一举一动都如一个锋利的三角形，三个角直指他人。先是在伊拉克发动了代号"沙漠之狐"的军事行动，几十天的狂轰乱炸。后来又把目光转向南联盟，操纵北约对其内政横加干涉，还派大批空军对其进行野蛮的轰炸，甚至连医院和学校都不放过，还派遣大批陆军、海军驻扎在南联盟的邻国，伺机以动。这种野蛮的侵略行径受到全世界人民的强烈谴责，最终在人们的唾骂声中有些胆怯了，它的卑劣行径才稍稍收敛。但是，这锋利的三角形依然锋芒毕露，随时都会把和平打破。可恨！

□——中国。这个具有巨大发展潜力的最大的发展中国家，在实行改革开放后，对外奉行独立自主和平的外交政策，遵守联合国的宗旨和原则：维护世界和平与安全，促进全球的合作与发展。在处理各种国际事务和国际争端中，中国始终坚持实事求是、伸张正义的原则，以维护世界人民的共同利益为最高准则。尤其是对待北约轰炸我驻南使馆这件事上，中国表现出非凡的冷静和果断，以和平方式解决了这一复杂问题，避免了战争的发生。中国的所作所为赢得了世界爱好和平和正义的国家、人民的称赞和拥护。中国就如一个浑身上下写满正义与和平的"正方形"。它的每条边都相等，没有任何弯曲和偏袒。它的四个角均匀对称，没突出任何一角，对世界没有任何威胁。这就是中国，一个四四方方、规规正正的中国。它本应该成为世界的"大哥"，可惜体力还不强壮。可惜！

○——日本。在这纷繁复杂的国际环境中，这个"大和民族"真可谓是左右逢"圆"。一面西装革履、面带微笑，一副绅士模样地同中国签订《中日友好合作伙伴关系协定》；一面又转过身来，同美国暗地里勾结，签订《日美防卫指针》，对亚太地区的和平构成威胁。这"友好"、这"合作"可真谓滑天下之大稽。详查日本的外交策略，可以看出日本是以自己的经济为圆心，以自己的技术为半径，画出一个巨大的圆。看清楚了这个圆，就明白了日本为什么是世界上最有钱的国家了。无怪它的国旗图案就是一个大大的"圆"呀！这个圆而滑之的"鬼子"国。可恶！

锐利张狂的三角形——美国，人们可要时刻提防着；圆滑自私的圆形——日本，人们可要小心着；方正贤良的正方形——中国，人们应该越来越尊重它。

■ 赏 析

犀利的文笔之下是汩汩流淌的思想的河流，三个几何图形生动地勾画了三个国家的不同特性。在世界向着多极化发展的今天，美国的"锋利"，日本的"左右逢圆"，以及中国"非常的冷静和果断"，无不透射出熠熠的光芒和烈烈的思想狂澜。热爱和平，热爱生活，反对战争，反对霸权，这呼声就显露在字里行间！

科学星光闪耀时

>> 常 勇

科学的星光虽然灿烂，往往是要拿出生命来换的。

当巴斯德牵着一头骡子，朝阿尔卑斯山进发时，所有的讥笑都被甩到身后了。

他是法国人，一个微生物学家。他要做的事情在常人看来是可笑的，而在他看来，却仿佛是上帝的召唤。他要攀登 4000 多米的高峰，要经历危险的冰河地带，还有可能遇到要命的雪崩，而他要回答的却仅仅是这样一个问题：夏天，为什么肉会臭，饭会馊？

所有聪明的正常人都哈哈大笑了：肉臭了，饭馊了，倒掉就是了，何必拿性命去换一个毫无意义的答案！

巴斯德也笑了：把馊饭和臭肉倒掉而不问一个为什么，那么，要科学家干什么？

现在，他走到阿尔卑斯山的山脚。这一天是 1860 年 9 月 20 日。他取出科学实验笔记本，记下这个日子，然后，从骡子驮着的行李中，取出 20 个瓶子。所有的瓶子都经过严格消毒，内装无菌微生物培养液，已抽成真空并密封。他刚要打开瓶子，突然想到这样打开瓶子，自己呼出的空气有可能进入瓶子，便把瓶子高高地举过头顶，再小心地打开瓶塞，装上一点空气，马上又把瓶子密封起来。这样循环往复 20 次，他又牵着骡子，继续向山上进发。

为了回答饭为什么会馊、肉为什么会臭的问题，他已经和法国卢昂刊物馆馆长普沙争论了六年。普沙坚定地相信：即使在隔绝空气的条件下，肉、饭也会自然而然地发臭、变馊。但巴斯德却认为：肉、饭的发臭和变馊，是因为受到了空气里微生物的感染。他们二人为此争论不休，直到巴斯德想到了现在这个他为之骄傲的实验方法。

他就这样朝着顶峰攀登着，挂着一根木棍，跟在骡子后面。每登 500 米，就取出 20 个瓶子，举过头顶，打开瓶塞，装入空气。

当他第十回，第 200 次做过同样的动作后，他发现，他终于登上了勃朗峰顶。他看到了那块标志着山峰高度的碑石：海拔 4807 米。当时，他的双手正高高举过头顶，拔下最后一个木塞。这使他感到了一种异样的激动，一下子瘫坐在山顶上。

他的脚下已是海拔数千米的冰川，他呼吸艰难，备感疲劳。他知道，今天，他不可能回到山下了。天黑了，他在冰川上搭起了简易帐篷。

他随身带的汽灯在帐篷里发出太阳般的光辉。他迫不及待地取出显微镜，观察着他的实验结果：在山脚下揭开瓶盖的 20 只瓶子，有 8 只瓶子里出现微生物；在半山腰的 20 只瓶子，有 5 只出现微生物；在山顶上的 20 只瓶子，只有一只出现微生物。

山脚下的空气里飘浮的微生物多，山顶上空气洁净，所以微生物少。这次实验证明，微生物就像植物一样，没有"种子"不会自然产生。巴斯德的观点是正确的。

他走出帐篷，忽然发现，他头上的星星格外地大、格外地亮，仿佛一伸手就能摘下来。他知道这是个错觉。科学的星光虽然灿烂，往往是要拿出生命来换的。

此时，他思维十分活跃，潜意识魔鬼般地舞蹈起来。他构思了一幅画：

画面上，一个孩子和一群人在行走着，一个路牌上写："此路不通！"人们纷纷退回，或另寻它途，只有那个孩子继续朝前走着，义无返顾。

他觉得，他就是那个孩子。所有真正的科学家都像那个孩子。

■ 赏 析

有人说科学、艺术、哲学是现代文明的三大支柱，科学的缜密、艺术的瑰丽、哲学的深邃是人类精神创造与物质创造的极致。阅读这篇精

美的文章，叫人的确洞悉了科学与哲学交融的至上境界。当然，这一类
"科学哲学"小品文，仅仅上三座神殿的一个小小的导游者，为你推开
一扇门，为你启迪一页窗扉，科学与哲学真正的奥妙之境，还有待每一
位感兴趣的朋友自己深入其间去探索。

■ 经营记忆

>> 李依婷

可以拥有冠军的记忆，却不能捧走那闪闪发亮的奖杯；可以拥有爱情的记忆，却没有真正的爱人；可以想象浪潮的声音，却不能掬一捧海水……

有一天，会有这样一家小小的店铺。

在铺子里高高的玻璃架上，摆着些五颜六色的玻璃瓶，在柔柔的灯光照射下，记忆在这里闪光。

假如记忆可以移植，我一定要开这样一个铺子。

安安静静地，记忆在这里慢慢蒸腾，我，在用心经营着记忆。挑一个淡淡的粉色瓶子，把里面甜蜜的爱情故事送给正为失恋掉眼泪的女孩儿；拿出那碧蓝的瓶子，把里面关于大海的记忆卖给从撒哈拉沙漠来的客人；还有那翡翠般艳丽的瓶子，里面关于森林的记忆，是留给一个小男孩儿的梦想……

这里是记忆的家。小心翼翼地，我把记忆细细地分类，好好地保存，让它们可以永不褪色。来到我的小铺子，挑一份记忆，实现一个愿望，圆一个好梦。

假如……假如真的有这么一天，我们都可以找回许许多多失去的梦，梦想不会再像肥皂泡那样容易破灭，而是可以去追寻，可以去挑选，可以去拥有。或许我的小铺也会宾客盈门吧。

只是，似乎总有那么一丝遗憾。

可以拥有冠军的记忆，却不能捧走那闪闪发亮的奖杯；可以拥有爱情的记忆，却没有真正的爱人；可以想象浪潮的声音，却不能掬一捧海水……记忆虽美，我们却不能活在记忆中。

人们没有这份记忆会遗憾，然而只拥有这份记忆，会满足吗？那些美丽的记忆、不属于自己的记忆，只会使人们更加浮想联翩，更加向往那些绮丽的梦幻。因此，经历是自己的，心情是自己的，记忆，也只能是自己的。

然而我还是在经营着这个小铺。

我的记忆瓶子，不卖给只做白日梦的人，活在别人记忆里的人不可能拥有真正美丽的记忆。我会轻轻把瓶子塞给一位双目失明的孩子，让他可以用心去看这个世界；我会取一个装满家庭记忆的瓶子，递给门口经过的流浪儿，让他的心被亲情温暖……轻轻擦拭着那些剔透的玻璃瓶，它们因为装着记忆而变得美丽；我的小铺，也因为有着记忆而散发着诱人的光……

假如记忆可以移植，欢迎你来我的小铺。

■ 赏 析

是的，记忆虽美，我们却不能活在记忆中。

开一家记忆的小铺，用亲情和温热去抚慰那些受伤的人们，让生活因为有着记忆而散发着诱人的光，让善良和美好铸进每个人的内心世界……

是的，记忆虽美，却"不卖给只做白日梦的人"；记忆虽好，但它毕竟不属于自己。

最好不要去购买什么闪光的记忆，还是呆在家里，认真清点和修补属于自己的记忆……

■ 中国一号

>> 邬李祺

人，贵在有梦，有幻想，有希望。这是一个生命力强的表现。

　　我是一辆车，一辆代号 CN001 的中国跑车。

　　我有着很快的速度，快得可以令所有中国人为之骄傲。一次又一次地，在国际大赛中，我奋勇前进，为中国队赢来一块又一块的金牌。

　　每次比赛后我都十分兴奋，不仅仅因为比赛的胜利，更多的是为了我那象征中国的一身红色，为了我那插在车头上的一面小五星红旗，为了我为祖国争取的荣誉以及充盈在耳边的欢呼声。

　　"中国队，好样的！001，好样的！"

　　每次听到这些，我都感动得想漏汽油。

　　然而，好花不常开，好景不常在。随着欧美第三次工业革命的开始，西方各国跑车的性能都在日趋完善着。

　　而我的速度却停滞不前。

　　我的心痛极了！

　　中国人也心痛极了！

　　素以"重在参与"和"轻轻松松参加比赛，欢欢喜喜不计成败"为宗旨的中国车委也终于看不下去了！

　　中国人不是好欺负的！中国车也不是！

　　当车委领导明确地表示，不管用什么方法，下届比赛必须"保三争一"时，全国所有最杰出的机械专家都为我出动了。

　　资格最老的机械专家说，国内的配件不行了，得用国外的。

　　于是，我就被进行了全副的改装。我的引擎成了美国的，轮胎成了英国的，护垫是法国的，车身外壳是德国的。连刹车、车灯、安全带、排气系统以及车内装潢也都采用了欧美各国的最先进技术……

　　但与此同时，我却失去了引以为自豪的红色外衣，换上的是具有速度感的黑色；失去了车身底部的一行"MADE IN CHINA"的标志；失去了车身内部那早已熟悉了的中式装饰；甚至连我车头旁的小五星红旗都被摘了下来，据说是因为高速行驶时会增大空气阻力而影响速度……除了车牌上那几个"CN001"的字样外，我已经被彻底地改装了。

看着焕然一新的我，专家们露出了会心的微笑。虽然我的性能已被大大地改善，可是——这还是我吗？

我还是一辆中国跑车吗？

我所代表的还是中国吗？

第38届国际跑车锦标赛开始，英国轮胎的卓越防滑、法国坐垫的抗震性能、德国车身超凡的轻巧以及……，我终于又一次率先冲过了终点。

可是，为什么感觉竟是如此的陌生？

耳边又响起了熟悉的喝彩声："中国队，好样的！001，好样的！"

中国队？001？

是在说我吗？

不是吧。我想。

■ 赏 析

本文不是纯粹意义上的文学创作，而是出于表达某种理念的需要，以曲折诱人的故事来代替板着面孔的议论，抽象的道理也就有了色彩，且称"形象的真理"吧。跑车的命运无疑隐含着许多寓意，譬如传统文化的命运。没有外来积极因素的加入，传统可能成为一潭死水；而一旦有了外来文化的参与，如果两种文化的"杂交"又像故事里被彻底更换了一遍的跑车那样，传统文化会否变得"四不像"呢？如此一来，看似不是问题的问题，是不是就成了一个真正的问题？

好的文章，发人深思。

想说就说

■ 蝶 祭

>> 卢华萍

　　我一宿梦美，它却在我设下的玻璃罩里做生命的抗争，只为了那丛白牡丹。

　　那天我捉到了一只轻盈美丽的蝴蝶，用一只晶莹的玻璃罩把它扣在桌上，以为这样既可以让我静静地欣赏，又可以让它依旧看得见外面的世界。

　　蝴蝶不懂得是玻璃，它像往常那样飞，却被狠狠地撞了一下。玻璃是硬的，它不知道。它只是努力地飞，惦念着那丛新绽的白牡丹。可是，它失望了。

　　我生了怜悯之情，怕折了那娇艳艳的翅膀。可是舍不得放走它，只好把希望寄托在它的适应能力上。

　　这一夜，如往常一样酣然有梦。

　　次日醒来，满窗的阳光，天晴。这一宿，蝴蝶可无恙？

　　残骸！

　　我颤颤地移开玻璃罩，拾起一片折断的蝶翅，放在掌心里，看着它，哭了。

　　我一宿梦美，它却在我设下的玻璃罩里做生命的抗争，只为了那丛白牡丹。

　　我无意残忍哦！

　　想起了昨天下午我实习班上的一位学生，她把热乎乎的小嘴凑到了我耳边，小声地说："新老师，待会儿我妈妈来接我的时候，你能不能对她说你要留下我来做作业？"我说："可是，我没想留下你来呀。"她垂下眼皮，有点委屈地说："今天下午，妈妈又要带我去学钢琴了。可是，我真想跟冬冬他们玩一会儿。"一会儿，就玩一会儿，这是一个小女孩最奢侈的愿望！我心一酸。她妈妈来接她的时候，她看着我，眼里含着乞求和信任。可是，我最终没有开口。老师怎能在学生面前撒谎呢？而且，这个年龄学钢琴，真的很不错。

我理所当然地保持了我诚实的师表，可是小女孩呢？她不喜欢学钢琴，因为学钢琴夺去了她应该享有的童年的情趣。可是她拗不过她的妈妈，只好无奈地坐在琴凳上，机械地在冰冷的琴键上练习指法。想像着伙伴们在小巷里玩着"过家家"的游戏，心里泪痕斑斑。

学钢琴真好，我甚至羡慕小女孩比我小时候幸运多了。小女孩的爸妈也许并不富有，但因为深爱着小女孩，所以节衣缩食让她去学钢琴，他们梦想着女儿因此而有出息。

可是，父母的热望和深爱无意间成了一个精美的玻璃罩，隔离了女孩应有的东西。小女孩的童年就在眼前，却隔了一层坚硬的玻璃，触摸不得。

小女孩不懂得这层玻璃，她本能地做着反抗，去追寻她应该拥有的。可是，玻璃是硬的，她撞不破。一次又一次，终于，折了娇嫩的翅膀，从此不再会飞。

她的妈妈也无意残忍哦！

拾起桌上的蝶骸，打开窗，洒在早晨的阳光里。

窗下，是一丛牡丹。

■ 赏 析

现在不少家长过于注重孩子天赋的"早期开发"，急切地去"制造"孩子的"特长"，结果是剥夺了孩子理应享受的自由，好心却铸成了"残忍"。

对上述现象作者显然是心有所感。作者用一个蝴蝶折断翅膀的比喻表达了她的感悟，尤其能够以情动人。文章中，作者对家长的用心也深有体察，相信有同样心情的家长读了此文也会有所触动，并能反省自己的行为。

■ 冷眼看《还珠格格》

>> 黄坤

他是一位真正的艺术家。在那么不如意的时候，他依然快乐，依然生活得很美。

《还珠格格》中"小燕子"的演技很粗糙，台词也很肤浅，这样的闹剧为什么会令许多观众尤其是青少年痴迷呢？

我认为，《还》剧张扬的是一个无知识、不讲理、不劳而获、只凭运气便平步青云的"小燕子"的"传奇"人生。这种人生经历的偶然性极强，在某种程度上正与学业压力过重的青少年渴望成功的心理相吻合，当然就导致了将"小燕子"作为自己的偶像这一可怕后果。

流行的影视作品对青少年人生价值取向的影响不可小视，如果影视作品宣扬的价值观不利于青少年的成长，此剧便应遭到谴责。

当然，目前适合青少年的影视作品太少，而能起正确导向作用的更是微乎其微，而文艺作品的商品化倾向便是其根本原因。

"小燕子"现象应引起有关部门的思考，我们渴望欣赏到适合中学生的高品位的影视作品。

■ 赏 析

"小燕子"的价值观到底能给青少年带来什么？影视界的商品化倾向给中学生是否造成了伤害？

　　《还》剧的火爆不能不引发我们深深的思考，它所张扬的个性是不是社会发展进步的正确导向？而一味地搞疯搞笑，一味地猎奇攫怪，如此喧闹，莫说高品位了，只能沦落到文化垃圾的池沼。

马可以是蓝色的

>> 刘潇潇

人的心灵本是一个调色盘，它用从双眸渗入的点点滴滴的生命的颜色调配色彩，为自己的内心世界装潢。

据报载：一个孩子在上绘画课时，把马涂成蓝色，家长看后立刻批评孩子，并去质问老师，还把孩子从绘画班"退学"出来……

马可以是蓝色的吗？马的颜色只是一件外套似的东西，只要是匹马，它为何不能套上蓝色的外衣？孩子的眼睛总能看到七色阳光，他们神奇的想象力创造力，不是成人能够企及和领悟的。

人的心灵本是一个调色盘，它用从双眸渗入的点点滴滴的生命的颜色调配色彩，为自己的内心世界装潢。如果心中的马儿被蓝天渲染成蔚蓝，那么何必给它套上公式般的司空见惯的"盛装"。许多人心中奔驰的马儿已被定格为白色、黑色、青骢色、枣红色……如同被相机捕捉到的瞬间的真实。而这种真实的认定，可悲的不是合乎逻辑的认可，而是不准变更和超出常人想象的突破。于是只有高级动物人类才具有的思维，被瞬间凝固的真实圈进了鱼缸，渐渐地变成了一条可怜的小金鱼。

学习，特别是孩子的学习，当然是为了知识的积累和能力的提高，但是更重要的是为了创造，生活中太需要色彩斑斓的发现和创新。我们本应要创造秋季里萌发的新绿，然而太多的书籍和太多的师长告诉我们落叶是秋季独有的悲伤。也许太多的凝固的世界表象已被太深地烙在心底，那么沿着铺石子的甬道走下去，我们的鞋上的确不会沾上太多的泥，然而太多迷人的风景与深刻的生活体验却会因此在我们的生命中随风逝去。生活中许许多多的道理，因为有着鲜活的生命而美丽，如果它已变为生命的束缚，那么这个道理无疑已不再有它原有的意义。

太多的模式和框框往往结成一条长长的绳索，从昨天到今天至那未知的明天，是我们自己在不知不觉中把绳索系紧，束住自己那本来纤细的腰。一旦我们认识笼子的时候，已经变为笼中的鸟。如此禁锢的思想，无论如何也不能跨越樊篱地把马涂绘为蓝色。

存在具有合理性，尊重现实，按客观规律办事，这固然是成功的起点。然而古往今来，多少科学的发明和事业的成功，既是来源于对现实的尊重，又成功于出人意料的创造。在死板的教育和僵化的观念束缚下，在沉默逝去的不仅仅是几匹彩色的马，而是一种可贵的创造性思维，由此留下的是发人深省的思索。

■ 赏 析

只要稍有点绘画的经验，便可知道马不仅能是蓝色，也能大卸八块，也能怎么看都不像一匹马。甚至，还有了"白马非马"的话题。

在小孩子看来，世界是奇异的，可以去命令它变造它的。人长大了，有了逻辑，马就只好是一类颜色了。这对马没什么损失，对人则贻害不浅。创造性思维没有了，浪漫也没有了。

可见，蓝色之不易。是啊，我们已经被教好了。

■ 我是一只笨女孩

>> 庞婕蕾

生命有时就如一场雨，看似美丽，但更多时候，你得忍受那些寒冷和潮湿。

我还活着

我曾问过许多人，怎么个死法会比较轻松一点。上吊，我一向是不主张的，勒着脖子太难受，一时半会儿还死不了，成功率比较低。安眠药是个好东西，在不知不觉中就从这个世界到了另一个世界，不用护照签证，挺方便。问题是从哪儿能搞到安眠药？还是行不通。割脉，我是下不了手的，我晕血，而且我怕疼。跳楼的话也不成，路上有那么多行人，给他们看见了，挺难堪的，而且要是死不了，摔个瘫痪什么的，不划算。触电倒是速战速决，不过我听人说，死了会很难看的。我已经够丑的了，再丑下去，也不对不住大家了，况且，家里有漏电保护器。

我想到了一个比较简单的方法。从家里走出，步行十五分钟左右，来到长江边，纵身一跃，让不及格的试卷与我一同消失在滔滔江水中。但是，岸边的护栏网做得很好，根本就不可能跃过去，所以，我没死，我还活着。我往回走，突然想去撞一辆车，一了百了，可又不想连累无辜的司机，他肯定得赔上好多钱，其实，那不是他的错，我无法伤害善良的人们。

很高兴，我感冒了，头痛得厉害，我躺在床边想看会儿书，但不多久就睡着了。我想，也许我是在走向死亡，因为我看见了逝去的祖母在向我招手，说是给我钱买糖吃。当我正向她走去时，妈妈把我叫醒了，让我吃康泰克，还逼我喝下一碗白开水，再帮我盖好被，说是出一身汗就会好的。

怎么会好呢？如果一个病人没有求生的欲望，那么再高明的医生也无法把他从死亡的边缘拉回来。虽然感冒比较难受，但总比没完没了的考试要好承受得多。

　　泰诺、康泰克已吃了不少，可感冒还是不见好转，妈妈说我抗药性太强了。这样也好，我可以顺顺利利去见马克思了，一定得问他好多事情。没想到，一个星期之后，我的感冒居然好了，妈妈很高兴，我却挺难过的。

　　一个人背运的时候，连想死都不能成为现实，太可悲了，只能怪自己运道不好。

我爱辉辉

　　他不叫辉辉，没关系，他就是我心里的辉辉，我就喜欢叫他辉辉，辉辉，辉辉，叫起来多好听。

　　我爱辉辉，不过他不知道，他怎么会知道呢？因为没告诉过他呀。我为什么不告诉他呢！因为我不敢啊。为什么不敢呢？因为我害羞啊。为什么害羞呢？因为我是女孩子啊。为什么是个女孩子呢？问我爸妈去。

　　辉辉人不高，穿着也极普通，算不上"帅哥"，不过，我就是喜欢他，喜欢一个人不该有太多理由的。

　　我认识辉辉是在选修课上，我们选修的是新闻采访与写作，听说他是被语文老师逼着来的。那时我可能是小有名气，老师让同学们问问我关于写作方面的问题。他就问我："杨青青，写作对你而言算是什么东西？"写作是东西？居然有这种问法？我就说："写作不是东西。"

　　上了几次课，觉得没劲，我就逃课了，也就见不到辉辉冥思苦想写作文的样子了。

　　辉辉是篮球队的替补，很少有机会上场，不过，每逢有篮球比赛我都会去看的。他在那儿捡捡球什么的，一旦有上场机会，他都拼得非常厉害，因为玲玲在那儿，玲玲是校电视台台长，据说也是我们高三年级四大美女之一，辉辉喜欢她，这谁都看得出。

　　上体育课的时候，我的排球滚到草坪上去了，辉辉在那儿和同学打羽毛球。他把球捡起来扔给我，我没接，于是球又滚了回去。

　　"杨青青，你……"辉辉有点火。

　　我没睬他，捡了球跑了。

　　我很高兴，我的名字他还记得。那又怎么样呢？他喜欢的是玲玲，玲玲对他也还算不错。

　　"辉辉，我爱你。"我在日记本里向辉辉倾拆。

辉辉，辉辉，有时脑子里尽是辉辉的影子。

杨青青，你好不要脸，我骂自己。

爱情也许就是这样没缘由，爱情也许真会让女人犯贱（我习惯于把自己称为女人），单恋更是没头没脑，单恋更是让人犯傻。

男生爱女生，没羞。

女生爱男生，羞羞羞。

"杨青青，我好喜欢你。"我梦见辉辉向我宣布。

第二天早晨，我看见玲玲坐在辉辉的自行车后座上。

■ 赏 析

作者虚构了一个成绩不好，经常挨老师批评的高三女生。通过这个女生，作者表达了高考给中学生带来的巨大压力，学生们在这重压之下不得不放弃许许多多本应属于他们这个年龄的东西。文章真实而生动地表现了高中学生的那种自由率真的性情，表达了他们对应试教育的不满和抗争。

文章标题中"只"字的运用新颖独特。

梦·怪圈·阳光

>> 扬 洋

为了请家教，上补习班、冲刺班，父母们省吃俭用；为了我们考上大学，耳边无时不回荡着父母的训斥！就这样，我们被剥夺了活泼的天性，失去了童年的欢乐，我们变成了父母手中漂亮的"金丝笼"中的"囚鸟"，我们在千岩万壑的"题山"中迷惘，我们心中充满了焦虑、痛苦和苦闷。

说真的，我们的父母亲这一代人，也许是最可怜的。刚出生的时候，遇上了三年经济困难；进校读书时，碰上了"文化大革命"；好不容易熬到改革开放，他们已步入中年，人生过半，有的自以为"垂垂老矣！"

于是乎，他们希望在我们身上圆他们年轻时的梦！

于是乎，中国教育史上出现了"奇观"！

刚刚才学会说几句话，就要孩子说英文；才进幼儿园，就要孩子认奇妙的五线谱；还不知红黄蓝绿，又要提起"马良"神笔；无数双小手在临唐帖汉碑；身体并不细长，却被逼着练"小天鹅"……为了请家教，上补习班、冲刺班，父母们省吃俭用；为了我们考上大学，耳边无时不回荡着父母的训斥！就这样，我们被剥夺了活泼的天性，失去了童年的欢乐，我们变成了父母手中漂亮的"金丝笼"中的"囚鸟"，我们在千岩万壑的"题山"中迷惘，我们心中充满了焦虑、痛苦和苦闷。

啊，父母们，你们何时能走出这种怪圈，让我们拥有一片属于自己的阳光呢？

其实，有多少人能成为名副其实的外交家、音乐家、书画家、舞蹈家呢？又有多少人能进高等学府，能升大官、发大财呢？你们完全可以让你们的下一代自由地成长、自由地竞争，善歌者歌，善舞者舞，善画者画，善思者思，善动者动，顺其自然。

啊，父母们，我们应该走进社会这个大家庭，去经历风风雨雨——我们不能永远在你们的"保护伞"下度日，而要有自主自理的能耐。

啊，父母们，别把你们理想的梦强加于我们身上，毕竟我们有自己的理想！

啊，父母们，你们还是早日走出"怪圈"吧，我们希望少一点这种"关爱"，多一点真挚的掌声！

啊，父母们，请多给我们一点充满阳光的天地吧，让我们沐浴着阳光成长，带着理想奋飞！

■ 赏 析

父母希望儿女学有所成，可儿女就是不"领情"，不配合，反而心中充满痛苦，甚至以死抗争——报刊杂志已不乏对这种现象的报道。症结何在？

本文直言相告：一方是"最可怜的"，要"圆他们年轻的梦"；另一方则有"自己的理想"，想"拥有一片属于自己的阳光"。双方扭结不到一块，只好一方凭借年龄和地位优势"强加"于另一方，于是产生了教育史上极不协调的"奇观"。

全文按题目所示，分为三部分，脉络清晰，层次分明。开篇叙说父母的际遇和旧梦，半是理解半是迷惑；中间描述"怪圈"的风景，诉说心中的焦虑苦闷，轻松揶揄中饱含辛酸泪水；最后从正面说理，规劝父母走出怪圈，无需太多不必要的"关爱"，让子女"顺其自然"，"自由地成长"，才是解开"死结"的好办法。这里，作者五次呼告父母，直吐胸臆，畅叙衷肠，或诘问，或沉思，或劝解，或期盼，或请求，表达了自己从心里愿与父母沟通的情感，取得共识的良好愿望。

■ 五味居

>> 张　虹

想搏取"七彩未来"吗？那好，先品味"五味人生"吧！

她自认为比潘美辰幸福：不但有家而且还有斗大的书房——五味居。

吞掉四分之一空间的"老板桌"像个忠实的仆人似的勤勤恳恳地驮着一桌面层层叠叠的书本卷子，连"肚中"也满是有备无患的"办公"用品和与"学习"无关的杂物——包括垂泪的《红楼梦》和寂寥的三毛。去年新添的电脑已累得它吱吱有声，但更令它心惊的则是小主人每每掷笔拍案的重击。高三了，生活节奏在加快，生活情趣在锐减。窗台上，昔日里青葱可爱的文竹，此刻正打着"上甘岭"战役；鱼缸中，昔日里有着"贵妃"身段的金鱼亦瘦身有术；上个假期经常彻夜不眠的电脑如今再不敢"张狂"，只得了无声息地呆立着，百无聊赖地听那惨白的日光灯在深夜中嗡嗡作响，无数遍地盯着墙上那龙飞凤舞的书法大字：品五味人生，搏七彩未来。

它不解其意，但她懂。

■ 赏析

何谓五味？酸甜苦辣咸，是也；何谓七彩？赤橙黄绿青蓝紫，是也。"品五味人生，搏七彩未来"，仅一句，便把有关"书房"环境的描写升华到一个高境界。虽属片断描写，但构思却巧。一张"老板桌"经过人格化处理，便成了串联起全文众多材料的线索。一个"驮"字，何等传神，既写出了"老板桌"的忠实，又使人感到书房小主人的肩上也多了一份沉重……，生活节奏在加快，学业负担在加重，先前浓郁而丰富的生活情趣不得不有所"舍"，于是"电脑"……这不分明是在告诉读者：想搏取"七彩未来"吗？那好，先品味"五味人生"吧！语言有几分调侃，但并不油滑，读趣十足。

■ 人才在哪里？

>> 胥洪擎

怀才不遇时急也没用，只好能屈能伸，养精蓄锐，待机而起。人人都渴望成材，谁也不例外。天下人才本济济，倒是不识、不用"千里马"的"伯乐"，该问问自己是不是已变成近视眼、糊涂虫了。

有时候，我有点儿自我膨胀，觉得自己多少也算个人才。可我不敢因此而小视别人，因为我清楚，人都有所长，才能是多方面的。

会读书，会作文章，这只不过是才能大餐中的小菜一碟而已。我想，任何人，只要你擅长做某事，并把这一专长充分地发挥，使之有益于社会，你就不失为人才。比如：会逗趣，会说笑话，这本也算不上什么，如果有个地方让你频频亮相，把成拨儿的人逗得笑痛肚皮，你也就成了"笑星"了；新闻里的老外别无所长，只是特能吃"热狗"，当他把这一专长用于"饮食大赛"时，他便成了吃"热狗"的冠军，给广告商挣下大把的红利；会撬保险箱，本是人人喊打的贼，可一旦成为加里森敢死队队员，被人激发出报国之心，就跃升为身怀绝技、屡建奇功的英雄……每个人都有一项或多项专长，只是能力有大小，时运有乖顺，有无用于正道，能否遇上"伯乐"而已。

妄自菲薄是不可取的。恃才傲物，得志张狂，同样不值得称道。你或许有极强的谋生能力，可未必做得出一桌可口的饭菜。可能你不服气：会烧饭也算得人才？当然。一级厨师算不算人才？母亲做菜时满屋飘香，馋得你大吞口水，在你的小家庭里，她为什么就不能算是个人才？只是没人白纸黑字，来评定她的烹饪水平罢了。企业里，有些人吊儿郎当，懒得可以，但脑子活，嘴巴巧，拉关系的本事大得很，那也小瞧他不得，若能加以正确引导，却也可以变废为宝。公关部里留把椅子给他坐坐，说不定他能给企业解决成打的难题，那时候，他便成了一名"企业外交家"。

笨得没治的人毕竟稀少。一方面，我们切不可俯视他人，另一方面，也要正视自己。每个人身上多少有些宝藏，认准方位，一干到底，迟早会有收获。另外，要尽可能选择符合自己性情、才能的领域，这样更有利于脱颖而出。形象思维能力强的人，却大捻胡须，到公式里去钻牛角尖，短期内能"木秀于林"吗？最好尽快调转船头，重新扬帆起航。

怀才不遇时急也没用，只好能屈能伸，养精蓄锐，待机而起。人人都渴望成材，谁也不例外。天下人才本济济，倒是不识、不用"千里马"的"伯乐"，该问问自己是不是已是近视眼、糊涂虫了。

朋友，用心去发现别人、发现自己吧！

■ 赏 析

"什么是人才？"若是要求中学生从理论上阐述，洋洋洒洒一大篇，兴许会失之枯燥。本文则采用常见的事例来阐明道理，具体实在，给人印象深刻，从而得出结论："每个人都有一项或多项专长"，即每个人都是人才，至少是可以成为人才。文章说理思路清晰，层层递进：什么是人才、怎样看待人才和怎样成才。值得一提的是文章的语言风趣老练，增添了可读性。

■ 中秋之夜

>> 汤文怡

那熬了自己的生命，也更给人以启迪，给人以振奋，给人以光明和希望的，永不会在我心头熄灭的灯！

李白有诗云："床前明月光，疑是地上霜。举头望明月，低头思故乡。"我真是羡慕李白！他真是空闲得很！那么晚了，他还睡不着。要换了我，倒头就睡，白天脑细胞不知死去多少，再美的月光也不能让我放弃睡眠！

一本砖头似的书，压在我的手底，我的手丝毫也不放松。

电视台正在播放联欢会吧！哪些歌星会出来唱歌？听说张宇好像要唱的！唉，看不到了。

"以 A 极为零电势……，E 点到 D 点，好像是做正功……""要求异面直线所成角的大小……"

我抬起头，环视四周。我的前面是一位斑斑白发的高三男生，据说这叫"少白头"。等我到高三的时候，该不会也像他那样吧？要那样，我可没脸见人了。

唉……

"铃——"啊，下课了！我收拾书本，带着逃亡的心情离开了阅览室。

■ 赏析

《中秋之夜》描写作者夜读时的片刻联想的感受。因为是中秋，联想到李白的诗句，生发出"再美的月光也不能让我放弃睡眠"；手里紧张地做着作业，脑海里想的却是中秋文艺晚会；眼前高三同学的"少白头"让"我"生出几分担忧，　　"该不会也像他那样吧"。生动的心理活动描写，把作者在中秋之夜不得不留在阅览室里苦苦攻读的心情和感受刻画得极为真实，很符合人物的年龄、身份和性格，人物形象因此而栩栩如生。

■ 撩开那层面纱

>> 何崇光

开掘生命的价值。试问：还有什么比这更为宝贵的呢？

最近读了一篇童话《巴拉那》，说的是我们的星球上出现了一种名叫"巴拉那"的电脑病毒，并由因特网传播到世界各地。这种病毒可以通过视觉传染到人的身上，人一旦感染了"巴拉那"病毒，就会不择手段地实现自己的欲念。于是，一天之内发生了不计其数的令人瞠目结舌的事件：副总统为了获得更大的权力行刺总统、警察想发笔横财抢劫银行、各行各业的一些楷模人物成了犯罪嫌疑人……

记得早几年曾看过一篇文章，介绍匈牙利电影《魔椅》：有一把"魔椅"，人坐在上去就会袒露心迹，于是引出一大串有趣的故事来。可惜我没看过这部电影。

我不知道《巴拉那》与《魔椅》有没有联系，但它们异曲同工，都反映了人类真实的一面：一个从行为上，一个从思想上。

"巴拉那"病毒不好，想干什么就干什么，太可怕了；"魔椅"却好，让你不会撒谎，心里想什么就说出来。

人无完人。每个人恐怕都多多少少地曾经有过或依然有着"邪念"，只是有的人能够用意志去控制，不说不做罢了。一辈子不说不做，就是高尚的人；控制不了，说出来，就失去了"高尚"，做出来，就成了坏人。

对于老百姓，"邪念"的有无并不重要，只要不违法乱纪，谁也不能把你怎么样，所以他们活得很轻松、很真实，尽管获得的评价不高；可是对于一些"大"人物，"邪念"的有无却太重要了，因为他们不但不能违法乱纪，还得常常去教导别人，承认自己有"邪念"就太没面子了，恐怕连地位也不保，所以他们活得很累、很假，欺骗性也很大。最近伏法的一个副省长，当初肯定是不会公开承认自己有"邪念"的，可事实上，他有。

我们所受的教育总是告诉我们英雄多么高尚，却从不告诉我们他是否有过"邪念"，又是如何去控制和克服的。后者也许更重要。

可惜生活中没有"巴拉那"和"魔椅"。"高尚"的人仍可表里如一地高尚，不高尚的人也可放心地做出高尚的样子，反正谁也看不出来。

但我总想撩开那层面纱，真真实实地做人该多好。

■ 赏 析

"巴拉那"病毒和"魔椅"是想象的产物。然而，生活中一些人不就是因为"私欲"的膨胀和"邪念"的屡屡实现而愈陷愈深吗？作者放眼社会，渴望心灵回归真纯，让世界上多几分真实的平凡，少一些虚伪的高尚。文末对当前学校的审美教育提出了自己独到的看法：拥有"发现美的眼睛"固然好，同时拭亮一双能够识别瑕疵的慧眼同样重要。

文中议论虽不免流露出稚气和与年龄不相称的沉重，但文真、人真。为作者的见解和勇气喝彩！

■ 经历灾害

>> 李克峰

人生终归是你自己的，你不妨时时给自己提个醒，赢自己一把。

　　人们一提到灾害，往往会想到水灾、火灾等等。但对于学生们来说却有着更可怕的灾害，那就是"考试灾"和"作业灾"。

　　"考试灾"和"作业灾"并不像水灾、火灾那样会造成很大的经济损失，但却把学生们折腾得找不着北，其中尤以高三为特重灾区。

　　每天早上，我们都要来个"开胃小测验"，测数学或外语。当然这个小测验相对于后面的"大菜"来说也顶多是道"开胃点"。上课铃一响，小卷子收上去，外语老师从容走入教室，把书一放，开始讲课。课程讲完，当堂发下大卷两张，测验开始了。同学们对这种测验已经麻木了，谁也不说什么，拿笔就做，做完就交。就这样，序曲结束了。

　　说外语是"序曲"，因为外语的"灾害"程度实在算不了什么。接下来，才真正体会到"灾害"的可怕。物理老师进来了，不容分说，先发卷子六张："这些卷子下礼拜一之前必须做完。下礼拜三我们测验。"要说物理老师的办事效率在我们班是有很高评价的，她通知完后，不等大家有所反应，直接进入正课，一句废话都没有，大家根本来不及抱怨。

　　终于到了最可怕的化学课——"灾害"顶点。化学老师一向以作业第一和考试第一闻名全年级，使所有同学闻风丧胆，其他各科的老师无法望其项背。只见他晃着胖胖的身子，眨巴着一双小眼睛，扛着比别的老师多三四倍的"行李"，一步三晃地踱上讲台："这几份卷子——哎，安静一下，不要做出那种痛苦的表情——卷子礼拜五前做完，另外给大家介绍一本练习册……"一节课过得很快，但铃声只意味着正课的结束，他后面要说的还多着呢："今天就上到这儿，大家先不要起立，我说一下作业：除了那几张卷子，西城练习册做到……东城的……海淀的……还有蓝皮的那本做到……灰皮的……另外，能力训练……试卷全订本……最后我再通知一下：下礼拜二验收、礼拜四单元测验、礼拜五再做个练习……"

一天下来，同学们早已焦头烂额了，但"灾难"并未结束，"尾声"上演了：数学老师在门口探出脑袋："喂，去我那儿取一下卷子，明天交！"

可怕的一天过去了，但"作业灾"和"考试灾"并没有画上句号，对我们来说它至少还要闹一年，"经历灾害"的"经历"也还是"进行时"。

唉！这"灾害"何时是个头儿呢？

■ 赏 析

考试成灾，作业成灾，这高中的生活确实苦苦难捱！

而老师一个个充当"灾难"的制造者，以致化学老师"扛着比别的老师多三四倍的'行李'"，真令人忍俊不禁，痛不欲生！

那方明净的蓝天在哪里？那爽朗清澈的笑声在哪里？那嬉戏追逐的身影又在哪里？

童心的泯灭，"灾害"的蔓延，那些莘莘学子们，你们可否也有同感？

应试教育的毒害何时才能"画上句号"呢？

物理弱智

>> 孙 晨

在科学的入口处，正像在地狱的入口处一样，必须提出这样的要求："这里必须根绝一切犹豫。"

我是个物理弱智。

临班的小明跑来问我物理考多少分，我环顾四周，确定没有人注意后，压低声音说： "XXX……"我看到她的嘴唇和眼皮忽地拉大了距离，一副看到了非洲野驴的样子。她连忙伸出右臂，搂住我的肩膀，用手拍拍我的头，说："没关系的……"像拍着一个弱智。当然没关系，我想，反正我是物理弱智嘛。

我游荡于校园内，先后碰到了小朗、小缺、小红、小刚、小立和大刘，并且欣赏了他们圆睁的眼睛和呈"O"形的嘴。我看够了，于是转身，回去。

回到教室，走近我的位子。坐在前面的兄弟用手支着头。我没趣儿地走过去："怎么了？"当我看到他脸上从不曾出现过的痛苦表情时，我意识到自己不该问——这是显然的。他说，他妈妈哭了，当他告诉她他的物理分数后，她沉默着，一个劲儿地吃瓜子。

他比我高4分。

于是，在这个晚上，我没有回家，也没有像往常一样给家里去电话。我不是怕妈妈哭，我怕我哭。

我用智障的脑袋去想，一粒屎坏了一锅汤——物理毁了我的青春。

听说我还在妈妈肚子里时，做B超发现我的后脑勺有个"凹"。我更加深信我是一个弱智了。

于是，我可以痴呆般地笑了，并满不在乎地宣扬着我的分数—— 像在说别人一样，以致别人听过后总不确定地问一句："你说你自己呢？"

再后来，听说刘备的儿子的智商本来是"正常"的，可为了让他爸爸收买人心，牺牲了120点。我想：这也是一种奉献啊！

记得我对物理老师说："我听不懂。"他说："别人都听得懂，为什么你……"他是个好人，对"残疾人"工作很热心，又说："不会的尽可以问我。"我感动着，但又加了一句让人心寒的话："我都不知道从哪儿问起。实际上……我都不会。"于是，他哑然，无奈，转身，离开。

弱智的嘴里吐不出象牙来。

人们一定不相信，每个晚上，物理弱智都在宿舍昏暗的手电光下学着物理。

于是，我做了一个关于匀强电场和电源电动势的梦。

■ 赏 析

还有什么比用"含泪的笑"来形容《物理弱智》更恰当的呢？作者以幽默的笔调、自嘲的口吻，满不在乎地调侃着自己的"弱智"，似乎很潇洒豁达的样子。然而，结尾的细节却让人一颤：她不是对分数不在意，她不比任何人付出得少！但即使如此，她还是学不好，还是让自己哭，还是让关爱她的人苦恼。这其中的种种心酸、苦痛、无奈、自卑、茫然，岂是一个"泪"字了得！掩卷细想，一阵悲哀袭来。以青春年华的代价，以屡战屡败的屈辱，换来的是刺心的"弱智"的结论，这难道不是社会资源的最大浪费吗？这种教育制度不应该尽快地改变吗？

除了选材的真实与深刻外，本文简洁、幽默、极富表现力的语言也值得称道。

■ 心　愿

>> 亭亭

快把眼泪擦干，扬起风帆搏一搏。天生我材必有用。

教室的后门又轻轻地开了，一位同学从她身边过去，走出教室。她真羡慕那些同学：每次考试之后，老师就找他们去谈话。到了初三，老师已没有心思放在像她这样的学生身上，这真使她很孤独，也很沮丧。自己平时很刻苦，可就是学不上去；可她还是希望老师有一天能给她面授机宜，使自己愚顽的脑袋开窍。

有一次，她去办公室想请老师帮助自己分析分析学习现状。老师正和两位同学谈笑风生。只见那位同学眉舒颜开，一脸的自信。她悄悄地立在一旁，老师似乎看到了她。

一会儿，上课铃响了，她揣着未了的心愿直奔教室。一路上，心里特难过。来到班级，她觉得同学们都用鄙夷的目光看着自己。她这时的心愿，不是希望老师给她点石成金之法，而是真想地上有个洞，能让自己一头钻下去。

她用书遮着脸，悄悄地哭了。哭得很伤心，哭得思维有些乱。她希望老师给自己一块手帕，然后温和地对自己说一句：快把眼泪擦干，扬起风帆搏一搏。忽然间，又埋怨起父母，为什么不赐给我一颗聪明的脑袋，也让老师、同学都来注视我。

又一个晚自习，她正在看那一道道深奥的题目。忽然，她的余光里出现一个影子，正向她走来，她把眼睛悄悄地斜了斜，是老师！她的心怦怦直跳：老师找我谈话了，老师找我谈话了！果然，老师走到最后一排，在她身边停住了。然后轻轻地敲敲她面前正在看的书。她忽然从坐位上弹了起来。老师一惊，然后示意她坐下，又敲敲她旁边的位置说："××怎么没来上课？"啊！老师原来不是找自己的。她顿时要晕过去了，又羞又恼的泪水唰唰地往肚里流：什么时候您能留心一下像我这样的学生，天啊！

■ 赏析

本文成功地描写了三个对比性的场面：

1. 眼看那么多同学都去老师那儿谈话，而"她"一个学期都没听到哪位老师和自己说过一句话。

2. 她想找老师去谈谈，却只见老师与其他的同学谈笑风生，自己却被冷落一旁。

3. 她很想得到老师的鼓励，但老师走到自己桌旁时，关心的却是同桌，自己始终未得到老师一句关心的话语。

通过这三个场面的对比，文章所表现的不仅是一个老师忽略差生的问题，而是反映了整个学校教育中不能面向全体的一个普遍存在的问题，立意显得较为深远。这是本文成功的一个主要因素。

■ 偏　差

>> 张　华

如果是玫瑰，它总会开花的。

不知道你有没有发现，儿时的好友，别后多年，今天重逢，他已不是当年调皮的他了，或深沉、或古怪、或呆木，他的心理似乎发生了偏差，这又似乎成了当今学子的通病。

如果说十六岁是花季，十七岁是雨季，那么十八岁是雾季。

"雾里看花，终隔一层。"正如我们即使戴了隐形眼镜，仍然看不懂这熙熙攘攘、红红火火的学林，对于千军万马过独木桥的未来一筹莫展。于是乎，在"考什么学什么，不考不学"的应试教育下，在"使多少学子'拜倒'"的高考下，不断地模制出一个个形形色色、奇奇怪怪的人来。

"特'困'族"的悲哀

记忆犹深的是高二的一堂语文课上，语文老师在上面手舞足蹈地讲着《梦游天姥吟留别》，力图让我们不仅在听觉，而且在视觉上得到教益。可是令他伤心的是：伟早已梦游到天姥去了。于是，老师有意无意地走到他的身边，用手轻轻地拍了一下他，没有反应，又拍了一下仍旧没有反应，这一看不得了，他后来说，他以为看到了谢公，还纳闷这个谢公这么眼熟。伟知道大事不好，"走为上计"也无济于事，唯一一计，就是第三十七计：自己请罪。于是，他1米8的个头，像根蜡烛似的插在那里。下课后，他主动与老师"谈谈"，不过没一会儿便满面红光地回来了。问他又用了哪种好计策，他轻描淡写地答曰："实话实说。"他只不过报上了补课、做作业花费的时间，老师就用怜悯的目光看着他了。

伟不是一个特例，因为我们每个人的口头禅都变成了：好困哦！我还特地计算过玲的作息时间，全部学习时间共计 99h10m，而一星期时间才 168h。如此这般，剩余的 70h 即平均每日 10h 要用于吃、喝、穿、上学路途及休息等等，真正的睡眠时间可怜得仅有 6h。

真不知道开创私人学府第一人——孔老夫子作何感想，作为国家教育部部长陈至立是否会忧心忡忡。我只知道，我们的师长、父母会先叹口气，又说：孰不可忍还得忍。

呜呼！我们当定特"困"一族了。

倔脾气女孩

邻家有个文文静静的女孩，家庭挺富裕，绝对是个养尊处优的千金小姐。只是父母对她的学习极苛刻。小时候，她很胆小，每次考砸了总是先自己闭门思过，没命地在小书桌上啃啊啃，待到父母"谆谆教诲"响起时，她就在一旁呜呜地哭，像琼瑶小说里为了爱情那么伤心地哭，弄得自己既狼狈又楚楚可怜，可是这一招每次招来的都是"丰富而有意义"的假期。

某一天，女孩长大了，高三了，有了自己的思维，尽管眼睛仍是肿肿的，内心却有一把辣旺的火，冷不防会爆发出来。

现在的女孩，没等父母唠叨几句，就从嘴里射出一连串炮弹似的嚎叫反讥，再挨下来就是冷战，她可以一星期不与父母说话。一次，她心里憋得慌，用手死命地敲家门，结果震动了全大楼，邻居们都不敢相信，她还是不是那个可人的女孩？

女孩再不愿小鸟依人地在父母的庇护下拍两下翅膀，她需要高天和阔海，仅此而已。

女孩说："她受不了父母对她的好，更受不了父母对她的苛求。"

其实，女孩很聪明。她能一字不差地哼唱只听一遍的歌曲。其实，女孩很温柔。她与理解她的人在一起，总是甜甜地笑。其实，女孩很爱她的父母。她清楚地记得他们的生日。

多可爱的女孩，她的倔脾气绝非顽症，只需多一份理解，多一份关爱。

害羞的男孩

坐在墙角落的那个男孩，高高的个、清秀的脸庞。听说他初中的时候是学校的文艺骨干，到了高中，为了一门心思地学习，什么都不干，他有个宏伟的目标，那就是上海交大。至于他到底长得什么样子，我始终不清楚，因为他总把头压得低低的，读书的样子真的好勤奋，好刻苦。

他不常与人交往。原先一个人坐，后来有了个同桌，也只是偶尔才说一两句话，那个做了他一年多的同桌至今连他的基本事宜都不知道。在班里，他没有朋友，他对我们每个人都是空白。

他属于自己读书的那一类，刚开学的一次考试考得很不错，让全班惊诧，还有些人专门向他取经。问的问题是：一天不说话就能考好吗？之后，他就在众目睽睽之下依旧做他的书虫，每个高手都在摩拳擦掌要与他过招。渐渐地，他的成绩一次比一次坏，终于落到下游去了；渐渐地，他一天比一天消沉，没了以前的男孩风度。

他上课从不举手，一旦被叫到回答问题，脸会涨红，声音轻轻的，手好像也在发抖。有一次，他忘了带书，事先不去向别班的借，同桌也不知道，正巧被提问，站起身来失措得手不知往何处放，牙齿咬着嘴唇，半晌不出声，引得我们都回头去看，他更不自在了，可仍没有一句话。

这样一个男孩，或许在许多人的脑海中只是一个影子，过眼云烟而已，太平凡、太不引人注意是男孩的悲剧。

有些女孩、男孩独树一帜，引起人们的好奇，但是更多的是反感，他们常常被一群女孩、男孩耻笑、诽谤，而耻笑别人的这一群体其实也是可怜虫。这是每个人为摆脱困惑的不同表现：一种不显山露水；另一种标新立异。其实，我们都在人生的轨道上产生了偏差。

但愿我们是本世纪最后一批为书困扰的学子。

■ 赏 析

按理说，青年学生本该是朝气蓬勃、充满活力的，可是在"应试教育"的指挥棒下，他们却变得暮气沉沉，有的甚至性格变异。作者通过具体的事例很形象地把莘莘学子在人生轨道上产生的偏差写了出来。这中间没有大道理的阐述，却反映了出一个大问题，这就是——造成这种情形的正是长期以来的传统教育体制显现的缺陷。好在教育部门已察觉到问题的存在，把"素质教育"已提到议事日程上来并付之实施了。作者这种构思的方法是值得借鉴的。

■ 寻找快乐的猪

>> 周 麟

任何人都应该有自尊心、自信心、独立性，不然就是奴才。但自尊不是轻人，自信不是自满，独立不是孤立。

收到她第一封信的那天我感觉怪怪的，便如那乍寒还暖的天气，说不清是喜是忧。尽管我只是一个平凡的初三学生，我还是收下了那封不平凡的来信。

很奇特的一封信，全篇只有一句话："我是个寻找快乐的女孩，只想在茫茫人海中找回失去的快乐——或捡到一个精神垃圾桶。"署名"伊人"。并没有留下具体的通迅地址，唯一可与之联系的只有信封上"上海中学高三"几个字。我猜想她一定是一个不会写信的人，但我乐意当一个垃圾桶，——处于青春期的男孩总是好奇的。

于是我回了她第一封信，以一种更奇的方式：

秋水伊人（我喜欢这么称呼）：

祝 快乐

爱钻垃圾桶的猪

我喜欢称自己为猪，用母亲的话说我除了相貌遗传她外其余都与猪一模一样。而如今我不得不放弃一下猪的立场，埋头钻回我堆满书的写字台——"现在你初三啦，猪！"我自己对自己说。

经过一个月的等待后我收到了她的回信，是写在作业本上撕下的。信中说她没料到真会有人给她回信，而且是个自称为猪的怪人。她说她也喜欢猪，但仅仅因为羡慕它的懒散，难得遇到一位知音，令她感到淋漓尽致的痛快，末了她附上了不知哪本书上关于猪的"名言"："千万别跟猪打架，你只会弄得一身脏，而且让猪很快乐。"

我感到前所未有的乐趣，立刻想动笔再给她写上几句，所谈的便是她所追寻的快乐吧！

秋水伊人：

我突然想到了快乐。当黑夜降临或黎明即至时分最让人感到压抑，而唯一能给人以欣慰的或许只剩下淡漠中的快乐了。无论是曾经拥有、正在享受或即将获得，都能使人从空旷寂寞中寻得一些活下去的理由。

我想世上大约只有两种快乐吧，正如世上仅存两种人——无知者和有知者。无知者拥有他的快乐，似乎是长久的快乐，这正是因为无知者易于满足；如同苏格拉底所谓快乐的猪。然而这种人实在太易于满足，无知使他们厌于进步去探索更新的快乐，于是他们便在快乐中渐渐麻痹，直到消失。而有知者在拥有快乐的同时也接受了痛苦，而且苦楚的程度也远胜于他的快乐。正因为他的有知使他不安于现状，他的期盼距离现实实在太远使他不得不倾其所有去建造他梦中的理想国。于是他必须坦然面对必然的痛苦，而所追求的太完美使他尚未得到他所应得的快乐，就罹难于异常的痛苦，终造就了最灿烂的里程。

不知你是否了解你所寻找的快乐？我在寻找后者，却又畏惧痛苦，却不知已招致了痛苦。

最后，祝　快乐

不快乐的猪

直到元旦，我才寄去一张贺卡，只写了几个字：

祝在新的一年里，找到快乐！

好久，我也收到贺卡，就是我寄的那张，信封上敲着"查无此人"的印。

这天晚上，望着写字台上堆砌的参考书和已破损的台灯，我静不下心来做习题。我隐隐觉得似乎被骗了，被自己给骗了。

有知的人总是爱骗人的，在他没有能力骗得别人对自己认同之前，他只能自己欺骗自己，直到他对自己的谎言深信不疑。

"我对自己撒了谎！"我大声对自己说："这世界根本没有快乐，所谓快乐只不过是对痛苦的一种麻痹而已！可我们为什么就爱沉浸于这种暂时的安逸中呢！"

久违的冬天，下雪了。我挤上了一辆塞满人的公交车，驶向我的高中。耳边满是喧闹。

我又想起了伊人。

■ 赏 析

读过这篇文章，作者那疲惫的笑脸便倏地浮现在我的眼前，那是怎样的一张脸啊？稚嫩而又显出几分老成，天真而又显出几分无奈……他在呼唤理解，他在社会强大的压力之下自我编织着快乐，而这种快乐竟是作者"对痛苦的一种麻痹而已！"

作者以安慰别人的方式却道出了自己的痛苦，而这种痛苦的根源是什么呢？是不是现行的教育体制下对人性的压抑？还是……

■ 救救孩子

>> 任晓雯

以学科知识为基础，以传授方法为特殊，以素质教育为主线，以提高能力为目的。

我家住在树人小学附近后号街二幢楼，我在树人中学念书，每天上学都从小学大门口经过。但每到放学时，小学门前接孩子的大军把半条街都占满了，我常绕道而行。

我的邻居王叔叔，张阿姨的掌上明珠王星就在树人小学读三年级。每天上下学都由王叔叔、张阿姨接送，把人都腻烦死了。王星读书三年了，还未单独横穿过马路。我常听张阿姨说：王星食欲不振，学习成绩差，什么蜂王浆、太阳神、娃哈哈、花粉口服液等等不知吃了多少，身体还是瘦得可怕，在学习上真不敢给他再加码。张阿姨常求我给王星辅导语文。说是辅导还不如是代替他做。从我接触王星的印象来说，一句话，真算得上是"王星"。天上的星星之王。稍不遂意，大哭大闹，他父母"小祖宗，乖儿子"呼天叫地大半天都哄不好。因此，我很畏惧辅导他。据说他经常和同学闹别扭，连老师也没办法。他爸的脾气有点躁，时常和张阿姨争吵。他妈送王星到文化宫学弹琴，缴了二百元学费。只学了三次就告终了。请了个家教辅导数学，老师成了保姆，学校有老师教，家里又请人辅导，照说王星的成绩应该好，但从一年级到三年级，他的成绩始终上不去。

王叔叔的脸上常阴云满布，有时强装着笑脸违心地陪他学习，除了摇头就是叹气。但他接送王星上学和回家的次数算是最多的。

我也因此而烦恼。这不只是因为辅导他使人感到尴尬和难堪，也不只是小学门前走不通我得绕道回家，而且还是一些父母太溺爱子女了。"可怜天下父母心"，张阿姨就是其中之一。可以肯定地说，比张阿姨更"可怜"的大有人在。如今一些独生子女，娇生惯养，也许比温室的花朵还不管用。花朵可供人观赏，四体不勤五谷不分的溺子、溺女，今后怎能保卫祖国，建设祖国呢？像这样长此以往，怎能考上大学呢？即使考上了，又能学些什么呢？留在社会上又能干啥？难怪王星的爸爸有着无名的烦恼发出将来儿子会是怎样呢的叹息。我觉得他有一点醒悟是难能可贵的，但尚未醒悟的人大有人在。现在我们应该大声疾呼："救救孩子！"

 赏 析

中小学生独立能力差，尤其是小学生，这已成为当前一大社会问题。本文以邻居小学生王星为典型例子，按题目要求进行分析，指出小学生独立能力差的社会根源在于家长过分溺爱。溺爱实际上是害，娇生惯养，"四体不勤，五谷不分"，将来怎能建设祖国、保卫祖国呢？于是作者疾呼："救救孩子！"

一事一议，事例典型，说理深刻，颇有说服力。

■ 请换个角度看高考

>> 徐雁斐

我们在母腹中躁动，在课堂上熬神，在人海中浮沉。在社会上挣扎……原来却只是为了一个幸福。

近年来，我们一直听到这样一种呼声："我国的教育制度不合理，高考太残酷，给学生压力太大，要改革。"朋友，你是否也赞同这种观点？高考制度至少在短期内还不可能取消，你是否为此感到无奈，不快？如果是肯定的话，我要说：你为何不换个角度看高考呢？

不要以为繁重的学业是剥夺我们的欢笑与活力，其实这是对我们的磨炼。不能忍受十年寒窗苦，怎能笑对以后搞科研、创事业中的困难与艰辛？

不要以为高考的压力太重，重得让学生不能承受。毕竟，我们现在面对的还仅仅是高考，即使失败，也还有亲人的爱在支撑着我们，也还有大段的青春供我们去拼去搏。如果连这点压力都承受不起，今后又怎能承受来自社会、工作、生活乃至家庭等方方面面的压力？

不要因为看到一些高考失利的学生轻易结束自己年轻生命的愚蠢行为而斥责高考太残酷。反过来想想，即使给这些学生上大学的机会，等他们工作后，一旦遇上挫折，以他们的这种心理承受能力，其结果可能也还是一样。

高考需要学生临场不慌，国家也需要在紧要关头能镇定自若的人；高考需要学生细心，国家也绝不敢将重任交给一个粗枝大叶的人；高考需要学生自信不犹豫，国家也需要面对重要决策能果断拍板而绝不迟疑的人才。如此看来，高考还是很能检测我们的综合素质的，高考仍是高校选拔人才的一种较合理的方法。

朋友，不管你是否赞同我的观点，不管你如何看待高考的压力，我只想说：合理的是一种训练，不合理的是一种磨炼。但对我们来说，无论是否合理，都是一种锻炼。

所以朋友，请换个角度看高考，看到它光亮的一面。那么，我们就能摆脱烦恼，以一种积极的心态去面对、迎接国家对我们的考核与挑选。

■ 赏 析

文章以《请换个角度看高考》为题，写出了自己的思想，很有新意。

在当前相当一部分师生以及社会对教育体制特别是高考制度颇有微词，而在短期内难以寻找出更好的办法的时候，本文的作者能从另一个角度去认识，即不是一味埋怨指责，而是肯定其积极的一面。换个角度去看高考，看到了它光亮的一面，也就能摆脱烦恼，积极地面对，去接受国家对青少年学生的考核与挑选。作者睿智的思想，给了我们深深地启示：要想让生活美好起来，很简单，学会"换个角度"想想。

全文论述得有理、有据、结构安排合理，句式灵活，充分显示了作者思维的灵活全面，论述的精确缜密。

■ 罪 过

>> 邵炜

保存一些小小的美丽的错误——与人无害，与世无争，却能带给我们非常深沉的安慰的那一种错误。

他一直在默默地祈祷。恳求上苍保佑他顺利地通过这次考试。他虔诚地闭着眼，合掌一遍遍地念叨那几句央求的话，宛若一个要上绞架的死囚期待有人来救他。

卷子发下来的时候，他的心一阵痉挛，心跳击打着胸腔。他自己也不明白究竟是怎么回事。经历了大小考试数百场，到了现在仅仅面对一次校内的期末考试，就紧张成这样，他觉得不可思议，他不禁暗骂自己，迫使大脑冷静下来。

他的眼睛停在几道题上，却无法从脑中提出它们的答案来。而大脑又明明白白地告诉他答案就在课桌里——那里静静地躺着他费尽苦心而记的笔记，它当初把它放在课桌里，难道就已经……

他没有动，右手紧紧握着笔杆，左手插在头发里，冥思苦想。他的思绪已经完全乱了。他仿佛又回到了从前：在小学、初中时，他的成绩始终站在年级前列。他意气风发，壮志飞扬。他常常自比"恰同学少年，风华正茂；书生意气，挥斥方遒。指点江山，激扬文字……"他是老师的宠儿、同学的领袖。谁都不怀疑他的聪明才智，他自己更是深信不疑……温习着这些，他的嘴角也露出一丝笑意。

但他很快又清醒过来。他看清楚手中的笔、面前的试卷，也看清楚自己的位置。他不想失去任何一方，他想做出一次成绩来证明自己。他在犹豫……

考入了这所令他魂牵梦萦的重点中学，他曾不止一次地幻想自己在其中自由遨游、任意挥洒，开创自己的天地。可如今他才明白这些美好的种种不过是空中楼阁,过去的所有也早已是昨日黄花。他现在不过是一个小卒,只能低头站在别人的阴影下。他怎么能接受这样的突变?他需要找回原来的位置……

现在是冬天,可他的额上已有了汗珠,笔杆子滑滑的拿捏不住。他在这一瞬间作出了决定。

"我是被逼的。"他把手伸进桌肚时这样想。他的手摸到了那冰凉的硬硬的封面,轻轻地翻开,他摩挲着同样冰凉的纸页,慢慢将它往外拉,慢慢地……看见了,看见了……

他看见,一只手伸在眼前,一个平静的声音响起:"拿出来。"他很自然地将本子往里一塞,突然明白过来是怎么一回事。他的头"轰"地一下,脑中一片空白,眼前一阵晕眩,血液也似乎停止了流动。他近乎乞求地望着监考老师,他乞求的是宽宏大量,饶过他一次吗?经验丰富的监考老师早已盯上了他,一会儿脸红、一会儿出汗,眼神飘忽,身体颤动——老师难道是瞎子,会视而不见?现在人赃俱获,赖也赖不掉。

他仍然如梦般地坐着,乞求地望着老师,老师仍然很平静,很柔和地重复说:"拿出来吧。"同学们都从卷子中抬起头来,脸上带着似笑非笑的神情,把目光射在他身上,这些目光……他低下头去。

在这一刻他忽然想起了他的父母。辛勤地忙碌于岗位和家的双亲,不止一次地为他担心为他难过。就在考前,他还抱住母亲向她保证,这次一定会考好……他的泪水一下子喷涌而出,流过脸颊,流进嘴里。他抽搐着将本子交给老师,绝望地闭上眼。他清楚地意识到自己犯下了不可挽回的罪过,昏昏沉沉中他感到自己跌入了一个无底的漆黑深渊,没有人来拯救他,他想叫喊却发不出声音,伸出手却什么也抓不住,他只能任凭自己不断地下沉,下沉,下沉……

■ 赏 析

"他"虔诚地祈祷着能够顺利地通过这次考试,"他"鬼使神差地"把手伸进桌肚里","他"乞求地望着老师的眼睛……"他"的怨恨,

"他"的痛苦,"他"的绝望,"他"的悔恨……表达得那么淋漓尽致。

　　繁重的心理压力,沉重的课业负担,改变了多少人的个性,扭曲了多少颗童稚的心灵呵!

　　到底是谁之过呢?

■ 向你敞开心扉

>> 鲁作战

一个人可以被人爱也可以被人恨，但绝不能被人看不起。

现在已是 11 点了。老师，你也该休息了吧。请原谅打扰您一下，听一下差生的心声吧！

先从排位来说吧！您排位是以分数为标准的：分数高的排在前面；分数低的排在后面。这也许是理所当然的事。老师，你排好位以后，你发觉了没有，这多么像封建社会的"金字塔"式的等级制度啊！成绩好的高高在上，成绩差的被压在塔底。悲观、忧愁、讥笑笼罩着我们，我们哪有心思去学习。您或许说，您有意用这种方法来激发我们学习的积极性。好糊涂的想法啊！我们周围差生一片，一个小小的问题就会被卡住。这样，积极性又从何调动呢？不过，我们的确努力了，就像登山者一样吃力地沿着这座"金字塔"向上爬，它是那样的陡，那样的险。爬呀爬，我们爬得好累呀！多么需要帮助啊！哪怕有一根拐杖也好啊！然而四处寂寥无声。最后，我们终于摔了下来。摔得好惨啊，好像从凌空的悬崖上摔到无底的深渊，摔得我们连呻吟一声都没有来得及，也许叫喊了几声，您没听见。

课堂上，提问的对象从来没有我们，那都是"塔尖顶"的人的"专利"，老师，每当您听着他们流利的回答，微笑时，您是否注意到后面的那几十张哭丧的脸？或许没看到，或许您的确看到了！那座次表上或许不应该列我们的名字，或许的确就没有。

我们的名字上覆盖着一层厚厚的冰，因为，这里气温严寒，"春风不度玉门关"啊；我们的名字上面压满了厚厚的尘土，因为，它一直被

"束之高阁"，谁也不愿意去抹它；我们的名字都已发了霉，因为，它长期处于阴暗的角落，终日不见阳光，阳光也从未射过来！

晚自习辅导课，不，无论什么时候，我们后面都是荒凉的沙漠，即使是不毛的沙漠也有人涉足啊！对，不应该叫沙漠，应该叫：禁区。确切地应该是什么"军事重地"或者"核基地"。老师，您"安全"得很，您从来不越雷池半步。大概是孙悟空在我们周围用金箍棒划了一个深深的圈子吧！

我们当中的某一个偶尔来点"兴趣"，用期盼的目光望着您——他要问你一个问题，而您只是用目光扫了扫，大概没发现，于是，这个同学刚刚燃起的一星求知的火光，便被您若无其事的目光给浇灭了。

老师，我们这些差生，虽然成绩差，可是我们每一个人都有理想、信念、追求、爱憎。我们也都想学好，和那些成绩好的同学一样，我们也想考大学。但是，我们需要帮助、理解和尊重，特别是您的。更重要的是我们每一个人都有一颗很强的自尊心。"一个人可以被人爱也可以被人恨，但绝不能被人看不起。"我想，老师您一定也知道这句话吧！您就不能换个角度重新认识我们吗？

老师，我不仅向您敞开心扉，而且，我还要代表差生们，向全社会发出呼吁：把师爱平分给每一个学生吧！否则，教育事业将发展为畸形。

哦，不早了，老师，您也该休息了，现在我告诉您在我心灵深处的秘密：将来我也要当一名人民教师，我要用我这颗爱心去温暖每一个学生！

■ 赏 析

先听听这一组诙谐怪诞的词语吧："禁区"、"金字塔"、"军事基地"、"核基地"……很难想象，这些骇人的词语竟出自一位略带童稚的学生之手，咳，怎么说呢？你能不感到震惊吗？

　　"排位"、"提问"、"辅导"，这看似平凡的学习生活，却给作者烙上了深深的印痕，他在疾呼，他的声音又显得多么无助！

　　我们的教育也该到好好反省反省的时候了！

■ 心之伤：老师撕开了那封信

>> 刘轶人

我默默祈祷她在困难时候也能遇上好心人，祈祷在她绝望的时候也会有人对她微笑。

4月10日 晴

下午自习课上，班主任老师拿着两封信来到教室。她没有立刻交给谁，而是仔细地审视着，反复琢磨着，像是在研究密码。那目光似乎要穿透信封，窥视信中的内容。眉头紧蹙，那神情似乎面对的不是两封信，而是两枚炸弹。

终于，她走到我旁边一排的一个女同学桌边站定。"张艳，能让我看看这封信吗？"虽然是商量的口吻，但张艳知道，这是不可违抗的。但她毕竟不情愿呐，所以没有立刻应允。班主任老师既没有发火，也没有放弃的念头，"循循善诱"道："老师这也是为你们好，是因为老师关心你们，爱护你们才这样做的。如果是外人，老师还不想费那份心呢……再说，对老师还有什么可保密的，老师是有权利了解你们的情况的……"

——还多少有点法制观念呢，知道不征得本人同意是不能擅自拆看别人的私信的。我心里带着明显的反感嘲讽道。张艳踌躇了一会儿，还是无奈地点了点头。老师像得胜的"掠夺者"一样撕开了那封信。我看到两滴委屈的泪珠从张艳的眼眶里涌出来，紧抿着的下嘴唇微微颤动着，眼睛紧盯着老师手里的信，我想，撕扯信封的声音带给她的一定是如撕扯她的心灵一样的痛苦。

老师拿着另一封向我走来，我意识到那封信可能是我的。也许是刚才那么一幕使我从心底产生的愤懑拧紧了我的眉头；也许老师注意到那眉头下是一双有着明显反抗意识的眼睛；也许她早知道我与远方的姑姑经常通信，班主任没有要求看我的信。但我的心还是疼了很久很久，为了张艳，也为我的老师……

■ 赏 析

　　这则日记围绕着一位老师想要检查学生信件一事展开情节，反映了现今学校教育中在某些教师身上还存在着某种严重弊端，引起学生强烈的反感，给学生心理造成了严重的创伤，非但起不到好的教育作用，反而会适得其反。这一主题又是靠细小情节表现出来的。

　　细小的情节揭示了事物的意义，反映了人物的性格、思想，是此则日记的成功之处。

　　另外，细节描写中含有相当强烈的讽刺意味。

■ 谈偶像

>> 杨雯昀

当你眼中没有偶像的时候，你就成了别人眼中的偶像。

朋友常问我："你的偶像是谁？""没有。"我简单地回答。"没有？你谁都不崇拜？你太清高了吧?!""清高?"我对这个结论有些意外。

没有偶像就代表着自命清高吗？偶像是什么？是一个苍白无力的幻影；是一个不切实际的想象；是一个不存在的近乎完美的神。我们为什么要崇拜偶像呢？因为偶像是我们心目中最伟大、最完美的形象。我们崇拜他的一切，甘愿拜倒在耀眼的光芒之下。可是，我的朋友，难道在拜倒在偶像面前的一刹那，你不觉得你失去了一个很重要的东西吗？那就是自我。

对偶像的迷恋是一个盲目的热情过程，同时也是一个否定自我的过程。在偶像高大的形象前，在偶像灿烂的使人目眩的光环里，你还能找到自己的位置和价值吗？世界上是没有神的，完人也是不存在的。那么，所谓偶像，也只不过是你心中所想象的一个完美的人，他的价值是你赋予的，他的光环也是你的凭空想象。看清偶像吧，其实，他只不过是个与你，我一样的平凡的人。也许，他的成就、事业上的成功是有一些诱人的因素，但我们大可不必去崇拜他，因为我相信，只要去努力，我也行。

许多崇拜偶像的人都喜欢说："其实，我所崇拜的不只是他的外表，更重要的是他的精神。"可是，有几个华仔迷能在欣赏完刘德华帅气的脸蛋儿后去思索一番他的奋斗史呢？即使是真的崇拜偶像的奋斗精神，那么，我们为什么不把"崇拜"换成"敬佩"，把"偶像"换成"榜样"呢？让我们把疯狂发热的头脑降降温，仔细想想我们自己该做些什么吧！

崇拜偶像的朋友们，我希望你们能认清偶像的定义，然后，从偶像的光环里走出来，实现自我的价值。

最后说一句，没有偶像并非清高，而是实现自我。

■ 赏 析

要认清事物本质，就要正本清源。

作者首先分析了"偶像是什么"，进而道出了过分迷恋偶像会丧失自我的危险性，针对某些人在崇拜偶像时的时髦想法，作者深情地疾呼：关键的是"该仔细想想，我们自己该做些什么吧"！

时下所谓的"影星热"、"歌星热"依旧相当红火，朋友们，尽快从偶像的光环里走出来吧！认真总结自我、发现自我，并最终实现自我的价值。

■ 减不下去的 "山"

>> 鲁 菁

希望在前！因为我们有自己的舵手！胜利在前！因为我们是祖国忠实的船员！

常常在报纸上看到有关呼吁减轻中小学生课业负担的报道。但对于那些直到深夜十一二点才肯罢休的"夜猫子"来说，那根本是些不痛不痒的废话，因为来自各方的压力都使他们不得不在题海中苦斗。

首先要面对的压力，来自于学校的老师。在许多老师的眼中，好的成绩等于多的作业。于是，习题似乎成了他们惟一的也是最有效的法宝。面对有些学生的抱怨，老师们总会说："我只是布置了两张卷子，根本就没多少。"但不知老师们是否计算过"2＋2＋2……"？当一个学生面对成倍的"2"时，想不熬到深夜也不行。

其次，是家长对孩子的期望。也许因为现在的家庭都是独生子女的缘故，父母们对自己的孩子总是有着万分的期盼。每当深夜，看着孩子做着一大堆厚厚的"X"时，他们总会露出欣慰的笑容。但是，对于"X"的对错，他们一般不会过问，因为他们只在乎孩子做了多少个"X"。于是乎，各种习题精选就塞满了那小小的书架。

其实，无论是老师还是父母，之所以这么做，都是出于对孩子的爱。作业繁重的根本原因在于残酷的应试教育。一位教育家曾经说过："面对高考的卷子，我无从下手。如果非要让我考的话，我一定是不及格。"也就是说，如果你不做高三那上千道的强化习题，背数万字的复习提纲，你是考不上大学的。而面对这高科技的时代，谁又愿意或者能够与大学失之交臂呢？

摆在当前莘莘学子面前的是几座由数、理、化……堆积起来的"山"，它们正等着学子们不断开垦。可现代的"愚公"们似乎已不似当年那般幸运了，因为曾经与子孙共同努力、一起挖山的他已经变成孤身一人；而那"不加增"的"山"也变得不断增高。唉，年少的"愚公"们，面对减不下去的"山"，你们何时才能"指通豫南，达于汉阴"呢？

■ 赏 析

　　本文选取的是这种现象的受害主体——学生的视角，在分析他们之所以背负重压而"苦斗"的心理活动的同时，委婉地道出来自学校、老师和家长的压力归根到底是目前应试教育所造成的。文章最后一段以今日学子背负的"山"与昔日愚公的山相比，既指出这种现象的严重性，点明主旨，又给人留下了思索的余地。